和田秀樹、世界のマーチャンに会いに行く

和田秀樹
若宮正子

JN012597

はじめに

日本の人口の29％超が、65歳以上の高齢者という時代になりました。本来、社会的な役割を全うしてきた高齢者は、堂々と残りの人生を謳歌《おうか》すべきなんですが、まだまだ楽しく生きている人が少ないように思います。

ＷＨＯ（世界保健機関）の定義では、65歳以上を高齢者と呼びますが、60代後半〜70代前半を中心に、「高齢者と呼ばれるほど老いてないし、呼ばれたくない」と感じる人が多いようです。拙著『シン・老人力』でも主張したのですが、人生１００年時代といいながら、日本は高齢者を〝社会の負担〟と考える向きがあります。でも、全然そうじゃない。むしろ、高齢者の力が求められる時代です。

私は高齢者の力がニッポンを再生させると確信しています。自由な時間や自由に使えるお金を持つ高齢者がいきいきと暮らすことで、ニッポンの経済も社会も、元気になります。もっと好き勝手に、やりたいことをやって暮らしてほしいと思います。好きな物を食べ、好きなことをして暮らす人ほど、「元気に長生き」できるともいえます。

世間を見渡すと、「老いてはますます壮《さか》んなるべし」と、年齢に関係なく、活躍している高齢者はたくさんいます。「マーチャン」というハンドルネーム（インターネット上のニックネーム）で、世界中から注目されている若宮正子さんがその代表格です。58歳のときにパソコンを買い、81歳でスマートフォンのアプリを開発し、「世界最高齢プログラマー」として話題を集めました。

IT（情報技術）やデジタル機器、AI（人工知能）などが進化し、高齢者もテクノロジーを活用しながら暮らす時代になりました。そうした〝道具〟をどう使いこなすかも、より豊かに生きるためのポイントです。若宮さんの経験は、高齢者が有意義に暮らすためのヒントになります。ぜひ参考にしてほしいと思います。

2023年9月　和田秀樹

目次

第1講

高齢者こそ「要求する力」を持とう

第2講

デジタルは「習うより慣れる」が肝心

第3講

他人と「同じ服」を着る必要はない

第4講

AI時代の高齢者の豊かな生き方

特別講

マーチャンが高齢者に伝えたい「デジタル活用」13のポイント

第1講

高齢者こそ「要求する力」を持とう

高齢化で予想外の事故も増えていく

和田秀樹（以下、和田）　若宮さんのことは、私の著書でもたびたび紹介しているんです。世界最高齢のプログラマー、アプリ開発者として、アップル社のティム・クックCEO（最高経営責任者）に直接讃《たた》えられた高齢者は、世界広しといえども若宮さんだけでしょう。何より、高齢者はもっともっと人生を楽しむべきだというのが私の持論なんですが、若宮さんは「80歳の壁」を優に越えて、いまなお人生を謳歌していらっしゃる。一度お目にかかって、日本の超高齢社会の課題について、じっくり議論してみたいと思っていました。

若宮正子（以下、若宮）　ありがとうございます（笑）。

和田　ところで、手のひらに包帯を巻いていますが、お怪我《けが》なさったんですか？

若宮　そうなんです。こちらに伺う前に、上りのエスカレーターに乗ったのですが、私の何人か前に杖を持った高齢の男性が乗っておられまして、バランスを崩したのか、急に後ろに倒れてしまったんです。

和田　それは危ないですね。

若宮　倒れた方と私の間に何人かいらしたので、その方々がクッションになってくださり、不幸中の幸いで誰も大怪我せず、救急車を呼ぶような惨事にはなりませんでした。そのとき、手をエスカレーターで擦ってしまって、大きく皮が剝《む》けてしまいました。

和田　高齢者の転倒は非常に多くて、救急搬送の多くも転倒による怪我なんです。転び方によっては骨を折って入院することもある。元気な高齢者が突然、寝たきりになってしまうことがありますが、その原因の多くが転倒による怪我なんですね。エスカレーターは高齢者にとって危ないポイントのひとつです。

若宮　ええ、本当に足元が不安定な高齢者はとくに、エスカレーターに乗り降りするときは気をつけないといけません。自分で気をつけていても、今回のように巻き込まれる事故もあります。本当につくづく、日常の中に危険が潜んでいると思いました。高齢社会を生きるということは、自分が転んだりするだけでなく、予想外の事故に巻き込まれることもある。バリアフリー化が進んでいない日本では、高齢化が進むにつれ、こうした予想外の事故も増えていくと思います。

エスカレーターはもっと安全にできる

和田 今回は大事に至らなかったということでしたが、これが大怪我になると、ニュースに取り上げられていたかもしれません。すると、「年寄りにエスカレーターは危険だ」「年寄りはエレベーターを使え」などとバカな人たちが騒ぎかねない。こういうとき、「年寄りは利用するな、出歩くな」という方向に話を持っていってしまうのが、いまの日本社会の大問題です。

若宮 おっしゃる通りです。高齢者が外を出歩くのは危険だからと家に籠《こ》もっていたら、足腰が動かなくなってしまいますから。

和田　そうです。高齢者こそどんどん外に出て、どんどん好きなことをしたほうがいいんです。本来、政治や行政がやるべきことは、危険を排除して、高齢者の安全を確保してあげることです。

例えば最近、ＡＩ（人工知能）の話題がニュースを賑《にぎ》わせています。これって難しく考えるものではなくて、「ＡＩは人間の代わりに物事を考えてくれる存在」と捉えればいいんです。若宮さんのエスカレーターの事故も、ＡＩを活用すれば防げていたかもしれません。

若宮　言われてみればそうですね。

和田　つまり、いまのエスカレーターの多くは、第三者がボタンを押さないと止まりません。ＡＩとセンサーを連動させれば、エスカレーターで誰かが足を踏み外した瞬間に、安全にストップさせることは簡単でしょう。自動車の事故の際、エアバッグが作動しますが、ああいう仕組みだって考えられます。いまはそんなエスカレーターはありませんが、その方向に技術開発を注力すれば、すぐに実現できるでしょう。今後ますます高齢化が進むんだから、そういう安全、安心の実現に向けた開発にこそ、国や企業はもっと予算をつぎ込むべきなんです。

若宮　それが実現したら、安心してエスカレーターに乗れますものね。

和田　自動車の技術開発が進んで、歩行者の行動を検知できるようになって、随分と事故が減りました。それと同じでやればできるのに、やらないだけです。

若宮　私もそう思います。

和田　高齢者の安全に配慮するということは、命を守るということだけじゃなく、財政破綻しつつある医療費や介護費用の抑制にも繋《つな》がるんです。だって事故で大《だい》腿骨頸部《たいこつけいぶ》骨折だとか、硬膜下血腫とかになったら、医療費は膨大です。高齢者なら、長期間、寝たきりとなり、介護費用も大きくなる。医療費や介護費用はみなさんが払っている健康保険料からも捻出されているわけですから、いずれは国民の負担が増えるということです。

ハコモノなんか作るより、公共投資のあり方として極めて適正な方法です。

若宮　本当にそう思います。たまたま今回の私の事故は近くに若い方がおられて、すぐにいろいろと対処してくださいましたが、同じような事故が地方在住の高齢者に起きていたら、もっと大変な事態になっていたかもしれません。

高齢者に我慢ばかり強いるな

和田　若宮さんが著書などで「高齢者こそデジタルを」と主張されていて、まったくその通りだと思うのですが、その上で私は「高齢者こそＡＩを」と思うんです。もの凄《すご》い勢いでＡＩが発展して、いろいろな使い勝手があるというのに、国も企業もその視点が足りず、遅々として活用されないんです。

若宮　高齢者やお子さんを連れた方々が、安全、安心して外出できる社会であってほしいですね。

和田　ここが大事なポイントなのですが、新しいモノを発明するというのは、決して発明自体が目的ではなくて、それがあることで、仕事や生活を便利で快適にすることなんです。超高齢社会という観点で見れば、高齢者が外に出ていきやすくなるような、よりアクティブになるような社会にしていくことが目的なわけです。そのためにＡＩをはじめとするテクノロジーを使って、何ができるかというのを考えないといけません。

若宮　先ほども役所の方と話をしていたんですけど、そのときもつくづく思ったのは、「何かをしちゃいけない」ということを、役所は啓蒙《けいもう》したがるんですね。そういう禁止事項を増やすことには、とても熱心なんです。例えば、75歳以上になったら、危険だから運転免許を自主返納しろだとか……。

和田　たしかに、反射神経や身体能力は若い頃より衰えているかもしれませんが、事故率は10代のほうが高いというデータもあるんです。日本人の悪いところが出ていると思うんですけど、日本人は技術の進歩をあまり信用していないんです。期待していない、といってもいいかもしれません。

例えば高齢者が自動車事故を起こすと、ワイドショーのコメンテーターが口にするのは「運転免許の自主返納を……」という話。高齢者が運転しても事故を起こさない安全な車を、国を挙げて急いで作るべきだ、と提案する人はいません。日本が技術大国だというなら、事故を未然に防ぐ自動車を作ればいいし、できるはずなんだけど、短絡的に高齢者から免許を取り上げようとする。

若宮　本当にそう思います。高齢者がどんどん外に出るような、出たくなるような社会の実現に向けて、技術開発が進んでほしい。

和田　医療もそうなんです。多くの医者は、患者をみると、酒を飲むなとか、食べ物を我慢しろとか、塩分を控えろとか、禁止事項ばかり口にするんですけど、なぜ禁止するかといえば、10年後に起こりうる動脈硬化などの大病を予防するためなんですね。将来に備えた禁止措置。

でも医療技術もどんどん進歩しているわけです。例えばiPS細胞などを用いて、10年後には動脈硬化を健康な血管に戻すことができるようになるかもしれない。だから、我慢させるばかりじゃなくて、医療の発展を見据え、患者に選択肢を与えながら指導したほうがいいと思うんです。高齢者に禁止、禁止と声高に叫ぶいまの社会の風潮は、むしろ弊害のほうが大きいと私は思いますけどね。

人間が楽になるように進化する

若宮　そうでなくても高齢者というのは、喪失体験ばかりなんです。例えば髪の毛が減るとか、歯が抜けるとか、お友達や肉親が亡くなってしまうとか。そういうマイナスの失う体験ばかり次々と襲ってきます。

和田　誰もが直面する老いの問題ですね。

若宮　私がＩＴとか、デジタル技術とか、そういうことを高齢者の方々にお勧めしているのは、それがプラス体験を作るきっかけになるからです。だってスマートフォンやインターネットを使って、いままでできなかったことが、いろいろとできるようになるんですよ？　喜びや楽しみが、足されていくんです。高齢者はもっと、何かをゲットする喜びを積極的に得てほしいと思っています。

和田　これは高齢者の側も、国や企業任せにするのではなく、主体的にもっと考えたほうがいいことですね。ゲットする喜びというのは、何もデジタルの世界だけの話じゃありません。例えば、重い荷物の持ち上げ支援を行う装置や歩行支援の装置など、身体的な行動を支援してくれるさまざまな装置が開発されています。流通や介護の現場などで活用されていますが、こういうリアルな装置の支援を受けながら活動してもいい。わりと一般向けの商品もあるのに、それを知らしめる体制が行政などにできていないのも残念です。

若宮　こういう装置はお年寄りに限らず、若い人も活用すべきですよね。若い時分に無理をしすぎて、腰を痛めてしまうというのはよくある話じゃないかしら。

和田　多いですね。日本人は「根性論」が好きですから。

若宮　「若い時の苦労は買ってでもせよ」といいますものね。苦労なんて、もう進んでする時代じゃないのに。

和田　苦労することを美徳のように、いまだに日本人の多くは思っているようですが、そんなことはまったくありません。しなくていい苦労は無理にする必要がありません。若い頃から楽をしていいんです。

世の中というのは、必ず人間が楽になるように進化していくものなんです。洗濯機だって炊飯ジャーだって、面倒な作業が楽になるようにと、そうやってテクノロジーを使って、機械化を進めるわけです。それを否定したら、あらゆるテクノロジーの進展が止まってしまいます。

若宮　私もそう思います。

大事にしたいのは「要求する力」

和田　これからいよいよＡＩの時代に突入していくわけですが、私が大事にしてほしいのは「要求する力」なんです。

若宮　我慢する力ではなく、要求する力なんですね。

和田　例えば、アップル社を立ち上げた、スティーブ・ジョブズ。彼がいまのスマホの大本であるiPhone（アイフォーン）を世に初めて送り出したわけですけど、彼はこのとき、開発者にあれこれと注文ばかり出していたそうです。

若宮　スタッフに要求ばかりしていたんですね。

和田　その通りなんです。例えば、開発当初は、iPhoneの電源を入れても、なかなか起動しなかった。iPhoneは携帯電話というより、小さなパソコンですから、パソコン同様に立ち上げに時間がかかったんです。

若宮　たしかにパソコンはいまでも、立ち上げるのに時間がかかりますものね。

和田　意外とそこにイライラするユーザーは多いですよね。でも技術者はこうした些細《ささい》な使い勝手を軽視しがちなんです。ですが、ジョブズはそうでなかった。すぐに動かないとユーザーがイライラするから速くなるように改良しろと強く要求した。それに技術者も奮起して、最後はスピーディな起動を実現した。使う側の視点で厚かましく要求すればするほど、おのずと技術も進歩していくわけです。iPhoneの成功はそんなことの積み重ねにあった。

若宮　以前、北欧の国デンマークを訪問したことがあるのですが、日本同様、高齢化率（65歳以上の人口の割合）が高い国です。

和田　日本の高齢化率は30％近くに達し、世界で1、2を争う超高齢社会に突入していますが、デンマークもまた高齢化率が約20％と高いですよね。

若宮　デンマークはいち早く高齢社会に備えた国として知られますが、加えて、早くに「デジタル社会」を実現しています。税金の負担は大きいですが、幸福度は世界で2番目。実はこの国はお年寄りに優しい社会で、例えばスマホのスワイプってあるでしょ？

和田　画面を指で滑らす操作ですね。

若宮　手指が乾燥した高齢者には、スワイプの操作は難しい。それでデンマークは、国や自治体が市民のために作るアプリにスワイプやスライドを用いることを禁じてしまったんです。

和田　国や自治体として、使い勝手を要求したわけですね。

若宮　それと、補聴器などの研究も進んでいます。私も補聴器を使っているのでわかりますが、この分野はまだまだ使い勝手が悪い。高齢者向けの製品やサービスの開発は、全般的に日本は立ち後れていますが、デンマークは、国を挙げて開発に力を入れているんですね。利用する高齢者の側も国や企業にせっせと要望を出しています。

和田　日本も見倣うべきです。

高齢者の8割は「優良な消費者」

若宮　これから世界中に高齢者が増えていくわけでしょう？　高齢社会に役立つ

モノを開発すれば、よその国の人にも役立つし、商売としても大繁盛するはずです。高齢者向けのビジネスでお年寄りを幸福にし、国家を豊かにする。デンマークの政治や経済はそういう考え方。

和田　若宮さんがデンマークの事例を紹介してくれたように、ビジネスで利益を得たいなら、これからは「高齢者向け」の製品やサービスに力を入れるべきです。日本の人口の30％近くは高齢者。しかも個人金融資産2000兆円の6割以上を60歳以上が保有しているとのデータもある。日本は超高齢社会の新しいあり方を模索しなければならないのに、政治も経済もほとんどそこに目を向けていない。

若宮　そうなんです。高齢者はあらゆることに消極的と短絡的に考えているフシがあります。いま、「メロウ倶楽部」という高齢者向けのインターネット交流サービスの運営に関わっているのですが、みなさん本当に元気で好奇心旺盛です。

和田　私も高齢者を相手にしていますので、昔に比べて、いまの高齢者は元気だという実感があります。高齢者は「優良な消費者」なのに、世間がそれをまるで理解していない。

若宮　それどころか、医療費や介護費を食い潰すだけのお荷物と思っているのかもしれません。

和田　福祉を受ける対象だと思っているのでしょうが、それは違います。要介護もしくは要支援になっている高齢者は、全体の約19％です。つまり、81％の高齢者は自立した高齢者なんですね。

若宮　私の周囲も活発な人が多い。

和田　ということは、高齢者の8割は若者と同様の「行動的で優良な消費者」だということ。若者と同じようにサービスを受けたり、エンターテイメントを楽しんだりする、「アクティブな消費者」になりえるということです。

それなのに、その人たちに何か楽しみを与えようとか、この人たちにもっと楽しみをさせてあげようとか、消費のメインターゲットに据える経営者がほとんど見当たりません。これからの時代は、高齢者にもっと楽しんでもらおうとか、もっと楽をさせてあげようとか、そういうことを考える企業が勝ち残っていくと思いますけどね。

若宮　世界を見渡すと、そこを見据えた企業が増えています。

高齢者にも不寛容な人が増えている

和田　これは自慢というわけではなくて、2022年の年間ベストセラー第1位は、私の『80歳の壁』（累計60万部超）だったんです。嫌なことを我慢せず、好きなことだけして、「80歳の壁」を越えようよ、という内容なんですが、これが売れた理由は、やっぱりそれだけ高齢者の人たちが、もっと元気になるためにいろんな知識を得たい、という表れだと思うんですよ。とにかく、いまの高齢者はアクティブで長生きすることに前向きなんです。

若宮　高齢者だから消極的ってことはあり得ないと思います。本当にみなさん元気で行動的です。

和田　それなのに、高齢者が交通事故を起こすだけで、「免許を取り上げろ」なんて必要以上に騒ぐんです。高齢者ばかりを攻撃する社会に未来はありませんよ。

若宮　一方で、高齢者のほうにも、不寛容な人が増えてきたように思います。例えば、子どもが大声を出すのは元気な証拠です。それなのに、「公園で子どもがうるさい」「幼稚園から騒音がする」とすぐに文句をつける。高齢者の憩いの場でもある各地の「ラジオ体操の会」も最近は困っているようです。「うるさいから音を小さくしろ」という苦情が、参加しない高齢者から多く寄せられるそうですから。

和田　現に日本は超高齢社会ですし、長生きすれば誰もが高齢者になります。日本が、明るく住みやすい国になるかどうかというのは、私たちがどれだけ寛容になれるかどうか、ということかもしれませんね。

若宮　実感を込めて頷《うなず》きます（笑）。

和田　正直に申せば、私も反省することがあります。高齢者マーク（高齢運転者標識）がついている車の後ろにつくと、すごくゆっくり走っていてイライラすることがあります（苦笑）。だけど、「そうだよな、高齢者が増える社会というのは、こういうことだよな」と思い直すことで、一時のイライラは収まります。お互い寛容になれば、年齢に関係なく、みんなが住みやすい社会になります。

若宮　社会全体が不寛容なままですと、あちこちでギスギスしてしまって、いいことがありません。世代を越えて、お互いに寛容になって、お互いに共存していくという考え方がこれからは必要なんでしょうね。

85歳を過ぎたら誰もが認知症？

和田　寛容か不寛容かということは、認知症の問題にも関係します。すでに認知症になっている高齢者は600万人いると推計されています。

若宮　私の周囲にも何人かいます。

和田　認知症が問題化するのは、「認知症になったらもう終わり」だとか、「認知症の人には何もさせるな」とか、そういうふうに捉える人が多いからなんです。認知症の患者に対して、周囲が寛容じゃないんです。

私が過去に働いていた病院での経験ですが、年間１００例ぐらい、亡くなった高齢者の方の解剖をしていたのですが、85歳を過ぎて脳にアルツハイマー型の変化がない人というのはひとりもいなかったんですね。

若宮　ということは、85歳を過ぎたら、全員がすでに認知症になっているということですか？

和田　ええ、そう考えていいと思います。つまり程度の問題なんですね。だって老いれば誰だって、物忘れが多くなりますよね？　それが当たり前のことなんです。認知症というのは、ある日突然、何もできなくなる病気ではなくて、物忘れから始まって少しずつ進んでいく病気です。ですから認知症は、少しでも進行を遅らせることがとても大事なんです。

若宮　それには、どうしたらいいんですか？

和田　もっとも大事なことは、今日できていることは明日もできる、とご本人が心穏やかに過ごすことです。周囲も失敗を責め立ててはいけません。若宮さんのような「世界に評価される老人を目指そう」なんて、いきなり考える必要はないんです。

　例えば、いま自動車を運転できている人は、明日もできるはず。こうした小さな積み重ねでいいんです。ほとんど運転してこなかった人が年老いてからいきなり運転してみようというのは危ないのですが、ずっと運転してきた人は、社会の空気に流されて返納する必要なんてありませんから。

若宮　私も長年、コツコツとデジタル機器を使い続け、アプリを開発できたという経緯があります。

習慣化されなければ忘れやすい

和田　人は85歳を過ぎたら、多かれ少なかれ、アルツハイマー型の変化を来《きた》すんです。認知症に対して不寛容になり、責め立てるということは、ブーメランとなって必ずや自分に戻ってきます。不倫やスキャンダルに関する報道もそうですね。ワイドショーのコメンテーターやSNS（ソーシャル・ネットワーキング・サービス）は、鬼の首を取ったように断罪しますが、こうした不寛容社会は、人々を縮こまらせるだけです。

若宮　高齢者の立場からすると、ちょっと間違えたり忘れたりすると、何でも「認知症」を疑われるのは、本当に厄介です。

和田　日本社会の悪いところですね。

若宮　私は高齢者向けにスマートフォンの講習会をやることが多いんですが、参加者のスマホの電池が切れていることが多いんですね。充電を忘れているんです。

こういう「物忘れ」は、認知症の日常生活自立度1だと判断されてしまうんですけど、そんな単純な話じゃないんです。会社員なら朝、スマホを持って会社に行き、自宅に戻ったら寝る前に充電、ということが習慣化されています。でも、高齢者は毎日スマホを持って外出しない人も多い。2週間ぐらいスマホを持ち歩かない人もいるんです。

和田　使い道がなければ持ち歩きませんからね。

若宮　そんな人は家でも使いません。いつ使うかわからないのに、欠かさず充電をなんて、あり得ません。だから急にね、「スマートフォンの講習会に行こう」と誘われて出かけていったら、充電が切れていた、なんてことはよくあること。普段使っていなければ、電池がなくなったことにも気づかないのは、若い人も他の電子機器ではよくあることですから。

それなのに、充電をしていないだけで、すぐ「認知症だ!」なんて言い出す人がいるんです。

高齢者はひとりひとり違う

和田　結局、65歳と90歳では全然できることが違うのに、「高齢者」と一括《ひとくく》りにしているのが、問題なんでしょうね。例えば、事故を起こしている高齢者がいたら「高齢者の運転は全部危ない」とするのもそうですよね。

若宮　あなたは高齢者だから、と一緒くたにされて嬉《うれ》しい人はいません。企業のアンケートがありますでしょ？「メロウ倶楽部」でもよく話題になるんですが、アンケートには年齢をチェックする欄があります。「10代」「20代」「30代」「40代」「50代」ときて、あとは「60歳以上」と一括りにされることが多いんです。「こんな失礼なアンケートには絶対に答えない！」と、「メロウ倶楽部」の人たちは憤慨していましたよ。

和田　高齢者のデータをまともに取る気がないんでしょうね。

若宮　他にもあります。私の利用している携帯電話の会社は、80歳以上の場合、

「ご家族同伴でのご来店を」と促されるんです。家族の付き添いがないと、新機種の購入や機種変更は簡単にできません。ようするに、80歳以上は自分で判断できないと決めつけているんでしょうね。

和田　それはひどい。

若宮　でも、そうやって年齢で線を引かれることがよくあるんです。

和田　私は長いこと、高齢者の医療に関わっていますが、高齢者のほうがむしろ、能力の「幅」が大きいとみています。若宮さんはいま、88歳だそうですが、年間100本ペースの講演活動で、全国を飛び回っています。

若宮　しかも、飛行機や新幹線、ホテルの手配も自分でしています（笑）。

和田　一方、同じ年代で寝たきりの人もいる。若宮さんのようにデジタル機器を駆使して活発に活動する人もいれば、認知症が進行してしまい、判断能力がなくなっている人もいる。

若宮　人それぞれですよね。

和田　では中学生はどうでしょうか。だいたい知能指数は、70から130の間で収まりますし、50メートルを走らせれば、速い子は6秒台で走りますが、遅い子でも12秒台くらいです。

高齢者は、マラソンを完走する人がいるかと思えば、寝たきりで歩くことができない人もいる。高齢者のほうが「個人差」がずっと大きいんですよ。それなのに一括りにしようとするから無理が生じるんです。

若宮　高齢者も、周囲から年齢のことを言われすぎて、自分らしさが失われていくのかもしれません。「年だから……」という理由だけで、新しいチャレンジに尻込みしてしまうのは、もったいないことだと思います。

自分で言うのもなんですが、58歳でパソコンを買い、80歳を過ぎてからアプリを開発し、世界で評価されるようになった私の例もあります。

何歳からでも、人は変われるのです。

第2講

デジタルは「習うより慣れる」が肝心

いまの高齢者の多くは元会社員

和田　81歳でアプリを開発してしまう若宮さんのような方が現れ、みんなが驚いたわけですが、アプリを作るまでには至らなくても、世の中が「高齢者はデジタルが苦手だ」と決めつけるのはよくありません。デジタル機器を使うこと自体は、高齢者にとって難しいことではないですよね？

若宮　ええ。むしろ、インターネットにしろ、デジタル機器にしろ、使い出したら止まらないという高齢者の方はたくさんいます。先に紹介した「メロウ倶楽部」という高齢者向けの情報共有サイトをのぞいていただくとわかりますが、みなさん、ネット上でいきいきと交流なさっています。

和田　話が少し逸《そ》れるかもしれませんが、私は植木等さんの大ファンでして。

若宮　そうなんですね。私も好きです。

和田　その植木さんの代表作のひとつに、『ニッポン無責任時代』（1962年公開）という喜劇映画があります。植木さん演じる、お調子者の会社員の役名が「平均（たいら・ひとし）」というんですけど、これは、平均的日本人という意味でしょう。彼は昭和一桁の生まれで、本人いわく「三流大学の出」。その大学を出てホワイトカラーになります。彼らの世代は、55歳定年が当たり前でしたので、彼が実在したとしたら、昭和60年（1985年）前後に定年退職しています。ということは、平成の世になって「高齢者」と呼ばれていた人たちの多くは、植木等演じる「平均」同様、ホワイトカラーの会社員だったわけです。

若宮　私が昭和10年（1935年）の生まれですから、植木さんの世代が少し上ですね。

和田　昭和34年（1959年）の会社員率が約50％らしいんですが、そのあと年々上昇を続け、平成5年（1993年）になると、80％を超えます。こうした数字からみても、いまの高齢者のほとんどは、元会社員といっても過言ではないでしょう。

当然、コピー機やファクス、ワープロやパソコン……という技術の進歩を目の当たりにしていますし、実際に使ってきた世代です。

若宮　私も職場で、その変化を体験してきました。

和田　そういう人たちがですね、高齢者になったからといって「パソコンは触ったことがありません」「スマホは使えません」と毛嫌いするはずはありません。もちろん、中には苦手な人もいるでしょうが、大半はそうじゃない。むしろ新しく導入される機器に慣れ親しんできた人たちです。10代、20代のデジタルネイティブ世代——生まれたときからスマホやインターネットに囲まれている世代に比べれば、高齢者全体のデジタル機器の利用率は低くて当然だと思いますが……。

若宮　近年の調査（内閣府2020年度「情報通信機器の利活用に関する世論調査」）ですと、70歳以上のスマホやタブレットの利用率は、よく利用している人、ときどき利用している人を合わせて、だいたい4割です。みなさんの印象だと、もっと少ないと思っているかもしれませんね。

若者はもうテレビを見ていない

和田　ところが、いまだにテレビをはじめとする多くのマスメディアの人たちは、高齢者というと戦前のお爺《じい》さん、お婆《ばあ》さんを思い浮かべている。そして、高齢者はみんな早寝早起きだと勝手に決めつけているんです。

若宮　私はどちらかというと、夜更かしです。夜遅く寝ますね。

和田　夜更かしが好きな高齢者も多いです。彼らは時間を持て余していてテレビをよく見るのに、テレビを見ると、いまだにゴールデンタイムや深夜の時間帯は若者や家族向けに作られている。彼らの多くは、テレビを見ないというデータがあるというのに！

若宮　「メロウ倶楽部」でも、テレビ番組への不満の声が聞こえてきます。「若者向けの番組ばかりで、自分たちの世代のことを考えてくれていない」と。でも、若い人たちにいわせると、「年寄りに向けて作っているから、テレビはちっとも面白くない」という意見も聞こえてくる。

和田　ネットの動画の真似《まね》事のようなテレビ番組が増えましたけど、やっぱり物足りないですからね。少し前のことなんですが、私が大学で教えるようになって、相手は10代後半から20代前半です。あるとき、その日の朝にやっていたニュースの話題になったのですが、いまいち反応が薄い。ですから学生たちに「今朝の『モーニングショー』(『羽鳥慎一モーニングショー』テレビ朝日系)を見てきた人いる?」と聞いてみたんです。そしたらどうなったと思います? 教室が静まりかえって、見たと答えたのは60人の教室でたった1人ですよ?

びっくりして、「日頃からテレビを見ている人は?」と重ねて質問したら、手を挙げたのは、わずか3人。率にしてたった5%なんですが、あながち間違った統計的な数字じゃないと思います。

若宮　そんなに少ないのかもしれないのですね。

和田　どういうことかというと、若者の多くは、テレビを見ていないし、もっといえば持っていない人も増えている。調べてみると、10代、20代の単身世帯では、テレビの保有率がパソコンの保有率を下回っていました（２０２３年、ＬＩＮＥリサーチ調べ）。10代、20代は、ＹｏｕＴｕｂｅ（ユーチューブ）やその他ネットメディアに流れているということですね。

それなのに、テレビ局はいまだに、若い人向けにせっせと番組を作っている。だから需要と供給のミスマッチが起きているわけなんです。私なら、テレビの視聴習慣のある高齢者向けの番組をどんどん増やすように提案します。電波は公共の財産でもあるわけですから。

若宮　そうなったら嬉しいですね。

和田　テレビ局は、消費に結びつく購買層を狙って番組作りをしているんだ、というけれど、データを見る限り、お金を持っているのも、購買意欲があるのも、高齢者ですからね。

こうした状況を変えるには、高齢者も待っているだけではダメで、若宮さんみたいに自分から要求する人が、もっともっとたくさん出てこないといけないとも思います。

ネット通販で「焼き芋」を買う

若宮 高齢者向けの番組が増えたら、きっと私の友人たちは熱心に見ます。いま、見たい番組、見るべき番組が少なくて本当にがっかりしていますから。

和田 テレビだけでなく、Netflix（ネットフリックス）とか、Amazon（アマゾン）プライムビデオとか、ネット配信型のコンテンツも、高齢者向けの番組を増やしてほしいですけどね。高齢者をメインターゲットにしたら、会員数も視聴数もまだまだ伸びますよ。世界中が高齢化に向かっているんだから、最初にここに目を付けた人は、どの分野でも大成功を収めると思います。

若宮 テレビや映像だけでなくて、商品もそうです。少しずつ改善されてきましたけど、やっぱりコンビニとかスーパーでなかなか私たちの欲しいものが手に入らない。

和田　高齢者向けにどんなことができるか、どんな商品が受けるか、と企業が知恵を絞り切っていないですから。

若宮　私は焼き芋が好きで、中でも大好物が「紅あずま」という品種なんです。だけど近くのスーパーにはなかなか置いてありません。ところが、ネット通販サイトのＡｍａｚｏｎにはいろいろあるんですよね。

和田　すでに焼き芋もＡｍａｚｏｎで調達する時代になったわけですね（笑）。

若宮　他にも、うちは畳の部屋で座布団を使っているんですけど、そのうち座布団カバーが擦り切れてきます。ところが、座布団カバーを買おうと思っても、近所のお店にはほとんど売っていません。地方在住の人ならなおさらです。でも、これもＡｍａｚｏｎで「座布団カバー」で検索すると、ダーッとサイズもデザインもいろいろ出てくるんですね。

和田　ネット通販は若者向けと思われがちですけど、実は、高齢者の欲しいものほど、ネットでしか手に入らない。

若宮　そうなんです。コンビニやスーパーの棚は若者や家族向けの商品ばかり。

和田　しかもネット通販なら、重いものでも家まで運んでくれます。

若宮　それもありがたいですよね。ですから、まだスマホやパソコンをそれほど活用していない高齢者も、やってみたら驚くほど簡単なので、ネットを使って買い物を楽しんでほしいと思います。

手先が器用な人も機械には勝てない

和田　ところで若宮さんはいつ頃からパソコンを使っていますか？

若宮　初めて自分用のパソコンを買ったのは、定年を間近に控えた58歳のときでしたから、１９９３年です。

和田　ということは、Ｗｉｎｄｏｗｓ（ウィンドウズ）３・１が発売されて、パソコンブームがきた年ですね？

若宮　それまでのコンピュータは業務用で、初期の頃はビルのワンフロアーを占めるような大きさだったのが、この頃ようやく、個人が気軽に使えるパーソナルコンピュータ（パソコン）に進化したんです。私も「使ってみたい！」とすぐに欲しくなりました。

和田　とはいえ、その頃は価格も高かったでしょうから、随分と思い切って購入しましたね。

若宮　私自身が仕事で機械化の恩恵を受けてきたからかもしれません。

和田　といいますと？

若宮　私は高校を卒業してすぐに銀行に入ったんですけど、その頃のオフィスワークというのは江戸時代と変わらなくて（苦笑）。計算はすべて「そろばん」でやっていたのですよ。信じられますか。お札は指で数えるのが当然だったし、お客さんの通帳に名前を書くときは、インク壺《つぼ》にいちいちペン先をつけて書いていましたからね。何かと手間のかかる時代でした。

和田　いまでは信じられない作業の連続ですね。

若宮　私は右手がいくらか不自由だったこともあって、こうしたアナログな事務作業が苦手でした。いつも「まだできないの？　遅いわね」と会社のお荷物みたいなことを言われて、ちょっと寂しかったんですけど、そのうち銀行も機械化の波が押し寄せました。お札も機械で数えるようになるのですが、それを目の当たりにして気づいたのは、どんなに手先の器用な人でも機械には勝てっこない、ということです（笑）。

機械化やデジタル化は福音だった

和田　見方を変えれば、機械化によって、それまで時間をかけていた作業が、短時間で終わり、その分、自由な時間が増えるということですよね？

若宮　おっしゃる通りです。ＩＴ化やＡＩ化による恩恵もそこが大きいですよね。「仕事が奪われる」と考えるんじゃなくて、その分、自分の使える自由な時間が増えると考えればいいと思うんです。少なくとも私は、アナログな事務作業が苦手でしたから、大変助かりました。

和田　パソコンをいち早く購入したのも頷けます。若宮さんは一貫して、前向きですよね。

若宮　多分、若い頃から自分の要求を口にしていたんだと思います。銀行に、業務改善提案の投書箱があったんですけど、時間さえあればそこに投稿していたんです。そしたら「あなたは業務企画部に行きなさい」ということになって。当時は高卒の女性が行くような部署ではなかったんですけど、配属されました。上司は理解のある方で、かつ銀行が変革しつつあった時代でした。機械やコンピュータに対して、恐れより、有り難みしか感じていなかったのでしょう。

機械化、デジタル化は、私にとっては福音でした。

和田　ATMが登場するのは、いつくらいですか？　昭和50年代から広まっていったように記憶していますが。

若宮　日本初のATMは昭和44年（1969年）のようですが、定着したのは昭和50年代だと思います。最初の頃は、金額を細かく指定できず、お札を10枚1束にして、引出す方式でした。導入には随分お金がかかったようです。「導入費がもったいないから、誰か箱の中に入って、コッソリ数えろ」なんていう冗談が飛び交ったくらいですから。

和田　そう考えると、進歩がめざましいですね。いまはスマホの操作だけでお金の振込ができてしまいます。

若宮　パソコン自体の進化もすさまじいです。当時のパソコンは、パソコン本体に、モデムとかいろいろなものを全部、買い足さなければなりませんでした。だいたいが外付けなんですね。全部揃《そろ》えると、当時のお金で40万円以上しました。

でも、新しいおもちゃを手に入れたみたいで、最初にパソコンを手に入れたときのワクワクした気持ちを覚えています。

何事も恐れずにやってみればいい

和田　でもウィンドウズ3・1は、まだMS－DOSの時代で、使い勝手も良くなかったですよね？　私はその面倒くささにやる気が起きなかった（笑）。機械がお好きとはいえ、よく、初期のパソコンに果敢に挑まれましたね。

若宮　会社でもパソコンを触ったことがありませんでしたから、セットアップはとても大変でした。いまは簡単になりましたけど、当時のパソコンは難物で（苦笑）。パソコンを持っている人もまだまだ少なく、書店へ行ってもパソコンの参考書は専門書ばかり。それでも3カ月くらい、あれこれいじりまわしていたら、やっと立ち上がったんです。

このときの体験は大きかったですね。何事も恐れずにやってみればいい、なんとかなる、と確信できましたから。これが、いまも変わらぬ、私の生き方のモットーです。

和田　習うより慣れろ、ですね。

若宮　もうひとつ大きかったのは、仲間の存在です。

和田　仲間ですか？

若宮　たまたま雑誌を読んでいたら、「エフメロウ」というシニアコミュニティの紹介記事が載っていたんです。当時はインターネットが未発達で、電話回線を使って外部とやりとりをしていました。

和田　「パソコン通信」と呼んでいた頃ですね？

若宮　ええ。このパソコン通信のシニア向けコミュニティが、「エフメロウ」です。現在の「メロウ倶楽部」ですね。ここの仲間たちに、いろんなことを教わりながら、パソコンの操作もどんどん上達していきました。

接続の設定には苦労しましたが、なんとかこなし、「エフメロウ」のサイトに繋ぐことができました。そしたらパソコン画面に「人生、60歳を過ぎるとおもしろくなります」というウェルカムメッセージが流れたんです。

それで、60代で面白くなるなら、70代、80代になったらどんなことが起こるのだろうと、目の前が明るくなりました。

和田　まさしくそうなんです。世の中は、ITやAIなどによって日進月歩ですから、70代、80代……と年齢を重ねても、昔に比べてやれることは増えているはずなんです。

老いることは喪失体験ばかりじゃない、と声を大にして言いたいですね。

誰でも続ければ慣れてうまくなる

若宮　「エフメロウ」から、「メロウ倶楽部」へと発展させるとき、その立ち上げに関わりました。いまも活動していますが、本当にこの繋がりが大きかったんです。関わっている人たちは同世代ですし、パソコンの操作方法やソフトの使い方なども随分教えてもらいました。

和田　それは素晴らしい繋がりですね。同世代だと、いろいろな勘所が理解できていますから、教えるのも教えられるのもうまくいきやすいと思います。デジタル機器に抵抗のない高齢者はたしかに増えていますが、教えるほうが高齢者の「間《ま》」とか思考のあり方を理解できていない側面はあります。

若宮　たしかに若い人にはそういう人もいます。それについていけず、自信をなくしてやめてしまう高齢者は少なくありません。

和田　高齢者にデジタル教育を施す教育者の育成も急務かもしれません。先ほども言いましたが、高齢者の多くは、現役時代、デジタル機器に接してきた世代ですから、教え方次第で若者と変わらず、飛躍的に上達するはずなんです。

何事も好きになって毎日続けるようになれば、どんどん楽しくなる。何かを新たに始めることは、一見ハードルが高そうに見えるわけですけど、続けていれば誰でも慣れてうまくなるのが人間なんです。

若宮　そういう意味では、高齢者の中では女性のほうが、パソコンやスマホに抵抗があるように感じます。なぜなら、日本は「専業主婦」という存在を作ってしまったわけです。

江戸時代まではそういう存在はいなかったはずなのに、戦争中に「銃後の守り」とか言い出して、戦後も、女性は正社員にならなくていい、家に入ればいい、という風潮が長く続きました。「冷めないように味噌汁《みそしる》を出すのが女の仕事だ」なんて失礼な話ですが、実際、女性は家庭に入るのが当然と考えられ、社会に出なくていいとされてきたんですね。

テクノロジーは、社会の最前線で発達していきますので、会社勤めをしていれば触れる機会も増えますが、社会との接点が少ない専業主婦だった女性は、そもそもその機会が少なかったんです。

和田　いまはだいぶ変わりましたけど、昔は家庭とか、子育てとか、そういう役割をずっと押しつけられてきましたからね。

若宮　高齢者にはまだまだその意識が残っているようです。例えば、「小学生がゲームをやりすぎるのはダメ」とか、「スマホなどの電子機器を早いうちからやらせるのは、教育上良くない」とか、そういうことを言う人がいますが、その主張に賛同する多くは、母親なんです。

和田　任天堂のファミコン（ファミリーコンピュータ）が登場したのは、昭和58年（1983年）ですから、かれこれ40年前です。遊んでいた小学生は、いまや、40代から50代。ということは、「テレビゲームはダメ！」と声をあげていた母親たちが、いまの70代から80代というわけですね？

若宮　そうなんです。高齢者向けのスマホの講習会でも、私はゲームをすることを勧めているんです。脳も刺激されるし、指の運動にもいい。一挙両得なんです。やり方がわからなかったらお孫さんに聞けばいい。お孫さんとのコミュニケーションの機会としてもとても有効なんです。ところが、そうアドバイスすると、「子どもからゲームを取り上げていたのに、いまさら一緒にゲームで遊ぼうなんて言えません」って拒絶する人がいるんですよね（笑）。

和田　そうですか。

若宮　でも、いったん「壁」を越えてやり出すと、男女に関係なく、みなさん、ＩＴやデジタル機器に親しんでいらっしゃいます。

ネットを使った応援で早期退院

和田　若宮さんは、ＩＴ教室や講演会などで、どんなふうにデジタルの活用方法について伝えているんですか？

若宮　まずはネットを使って人と繋がってみよう、と勧めています。例えば「スマホでの写真撮影の仕方」という手順を教える講座はたくさんありますが、撮るだけで終わるとつまらないんです。ただ写真が溜《た》まっていくだけですから。結局、それだと長続きしないんです。でも、家族や友人に写真を見せて感想がもらえたら、張り合いが出て楽しくなります。

例えば、家族や親しい友人とLINE（ライン）でグループを作って、美味《おい》しい食べ物や旅先の風景、お孫さんの写真なんかを送り合って、ワイワイとおしゃべりするだけで日々が充実してきます。そんな簡単なところから始めると、長続きして、加工とか編集とか、もっといろいろやれるようになりたいという欲求がわいてくると思います。

和田　コミュニケーションの面でいうと、SNSやスマホは、俄然《がぜん》、力を発揮しますからね。

若宮　先日もこんなことがありました。私の兄は92歳なのですが、彼もまた「メロウ倶楽部」の一員です。その兄が、去年の正月に急性心不全で転倒してしまったんです。

和田　それは大変だ。

若宮　一命はとりとめたんですが、転び方が悪く、足を骨折してしまった。そうなると、もう寝たきり一直線です。当時はコロナ（新型コロナウィルス感染症）禍ということもあり、御見舞いにも行けず、やきもきしていました。

和田　コロナ禍は、病院も患者さんもそのご家族も、本当に大変でした。

若宮　本当に不自由でしたね。そこで兄は、病院でスマホを使い始めたんです。「メロウ倶楽部」の面々から、サイトを通じて、「地獄の三丁目からのリターン、おめでとう」とか、「しっかりリハビリやんなきゃダメよ」とか、多くの激励の言葉が寄せられたんです。

そのおかげもあって、兄は孤独を感じることなく、リハビリを頑張ることができました。「今日は杖なしで3メートル歩けたぞ」とか、兄からもそういう報告をする。すると仲間が口々に、「素晴らしい！」と称賛してくれ、「じゃあ明日は5メートルだ！」と背中を押される。そんなこんなで3カ月経ったら、歩けるようになったんです。
和田　それは素晴らしいですね。
若宮　92歳ですからね、私もびっくりしました。病院でも、予想以上の回復の早さが嬉しかったようで、退院する前の晩には、担当医師だけでなく院長まで駆けつけて、ケータリングの料理でもてなしてくれたそうです。
和田　やっぱり周囲の励ましもあって、患者の気力が高まったんでしょうね。その年齢での早期の回復は、滅多にありませんから。

村姑よりネット上のコミュニティ

若宮　結婚されている方でも、いずれは連れ合いを亡くします。そうすると、多くの場合は「独居老人」として死んでいくんですね。独居老人が入院しても、子や孫がいなければ誰も御見舞いに来てくれませんし、ましてやリハビリを励ましてくれる人もいません。でも、インターネットのコミュニティは、みんなが励ましたり褒めたりしてくれる。

実はインターネットって、高齢者が仲間を作るのに、最も適しているんです。私もひとり暮らしですが、おかげさまで寂しいと思ったことはありません。

和田　そうですよね。日本人はネット上のコミュニティを否定することから入りがちだけど、考えてみたら、昔ながらの近所づきあいや隣組のような関係に不満タラタラの人も多い。思い切ってそういう関係を断ち切ったとしても、孤独にならず、ネット上の新たなコミュニティに属することができますからね。

若宮　そうなんですよ。昔は「村姑《むらじゅうと》」といって、世話焼きのおばさんがあちこちにいました。こういう村姑が、家庭のあれこれに口を出す時代があったんです。良い面もあったのでしょうが、やはり面倒です（笑）。

私たちの「メロウ倶楽部」では、サイトの会議室やコンテンツ上でやりとりをしていますが、兄の例だけでなく、「これから3回目の抗がん剤治療に入ります」と書き込んでいる人がいれば、そういう人に対し、応援メッセージとか、自分の体験談とか、「そのうち新薬ができるよ」といった励ましの言葉が多く集まります。

和田　「村姑」と嫌々つきあうより、断然そっちのほうがいい。

若宮　自分のペースでつきあうことができるのも、ネットコミュニティの良さですね。全国各地で話を伺っていると、ネット上のコミュニティは、今後ますます高齢者の〝オアシス〟になりそうです。

81歳でスマホのアプリを作った理由

和田　そうした活動を経て、若宮さんは81歳のときに、スマホのアプリを開発したわけですが、なぜ自分でアプリを作ろうと思われたんですか？

若宮　スマホの時代になって、非常に便利になりましたけど、高齢者が楽しめるアプリはまだまだ少なかったんです。

和田　そうでしょうね、繰り返しになりますが、作り手が高齢者をターゲットにしていないわけだから。

若宮　高齢者が楽しめないのは、内容もそうですけど、それ以上に操作が難しいんです。デンマークの例でもお話ししましたけど、指が乾燥した高齢者には、スワイプの操作は難しい。だったら、高齢者が操作しやすくて楽しめるアプリがあればいい、と思ったんです。

和田　やっぱりそういう「欲求」から始まったんですね。先にも述べましたが、高齢者がいきいきと暮らすためには、もっと自分の欲求を前面に出したほうがいい、と言っているんですけど、我慢を美徳として過ごしてきた世代には、なかなか難しいようなんです。

若宮　たしかに「あれが欲しい」「これがしたい」と具体的に思い浮かべるのって、訓練が必要かもしれませんね。自己主張は、わがままと受け止められてしまうのが日本社会ですから。

私はやりたいことを臆せずに口に出してきただけですが、このときも、「こんなアプリが欲しい」と周囲に言ったんです。最初は、誰かに作ってもらうつもりで、知り合いのプログラマーに声をかけたんですが、「僕たちに高齢者が面白いと思うものは作れませんよ」と断られてしまいました。

そのとき、「若宮さん、自分で作ってみませんか？　自分で作ったほうが面白いですよ」とけしかけられて。それで、周囲に手伝ってもらったり、アドバイスを受けたりしながら……。

和田　とうとう史上最高齢でスマホのアプリを作ってしまった。

若宮　そのとき作ったのが「ｈｉｎａｄａｎ（ひなだん）」というアプリです。男雛《おびな》、女雛《めびな》、三人官女、五人囃子《ばやし》、仕丁《じちょう》を壇に並べるという、シンプルなゲーム。最初は、仲間内のイベントで披露するだけのつもりだったんですが、公開したところ、世界中からメールや問い合わせがきてしまったんです。

和田　それは驚かれたでしょ。

若宮　その中に「一緒にアメリカに行きましょう」みたいなことが英語で書かれているメールがあって、友人に見せると、「これは詐欺じゃないか」とか、ちょっとした騒ぎになりました。

でも、蓋を開けてみたら、どれもきちんとした方々からのメールで、結局、アップル社のティム・クックCEOから招待されてアメリカでお会いしたり、国連の会議に呼ばれて「デジタルスキルが高齢者にとって重要だ」という内容のスピーチをすることになったり……。

スマホひとつで世界が一変しました。

和田　ネットの世界の面白さと、可能性を、若宮さんのエピソードは教えてくれますね。実は身内に向けて発信しているつもりが、世界中が見ている。そうして、一夜にして誰もが知る存在になってしまう。

若宮　本当にその通りですね。

チャットGPTに宿題を解かせる

和田　90年代後半から2000年代がIT革命の時代だったとすると、いまの時代はさらに進んで、AIの時代だと思うんです。

最近、メディアアーティストの落合陽一さんと対談して面白い話を耳にしました。落合さんはいま36歳だから、若宮さんからすると50歳以上年下ですが、筑波大学の准教授で、日本のデジタル界を牽引《けんいん》しているひとりですね。

落合さんの話では、翻訳分野でのAIの進歩がめざましいんだそうです。例えば30〜40ページの英文を、数秒で日本語に翻訳できてしまう。その逆もしかり。しかも、精度も格段に上がっていて、プロの翻訳者と変わらないところまできているそうです。

ということは、翻訳者や通訳者の仕事がなくなるという単純な話だけじゃなくて、私たちがネット上に日本語で何かを発表すれば、瞬時にそれが世界中で読まれる可能性があるということです。

若宮　私もそれは実感しています。以前は、とんでもない翻訳がありましたけど、最近は違和感がありません。チャットＧＰＴもすごいですよね？

和田　何かと話題の生成ＡＩですね。チャットＧＰＴは、ユーザーが入力した質問に対して、まるで人間のように自然な対話形式で、返答してくれます。ネット上の膨大な情報を背景にしていて、そこから必要な情報を取捨選択し、質問に応じてまとめ直してくれるんですね。

どのくらいすごいかというと、英語版のチャットＧＰＴ（バージョン４）に司法試験の模擬試験を解かせたら、合格レベルだったそうです。

若宮　アメリカでは、小学校の宿題をチャットＧＰＴに解かせている子がいるなんて話も聞きますよね。それで先生も、それを禁止するのではなく、「ではあなたはどう思ったか」と質問するそうです。

和田　その考え方はとてもいいですね。日本ならすぐに「チャットＧＰＴは学校では禁止だ！」となりそうですが（笑）。

若宮　一時的に禁止したところで技術の進展には抗《あらが》えませんから。

AIは高齢者により恩恵をもたらす

和田　すでにネットが普及した頃から始まっていますが、私たちが情報にアクセスすることは非常に容易になりました。これまでは、調べるのも時間がかかっていたことが、ネットでWikipedia（ウィキペディア）でも読めば瞬時にわかることが増えた。もちろん、ネットの情報には間違いもありますので、それをジャッジする基礎学力も必要ですが、まあだいたいのことは合っている。

チャットGPTだと、検索する手間もいらず、質問すればいいだけだから、もっと楽になっていくわけです。

若宮　本当に便利になりました。

和田　でね、そうすると何が大事になってくるかというと、若宮さんがおっしゃったアメリカの先生のように「ではあなたはどう考えるか」ということなんです。何を思うか、何を感じるか。そういう人間の感性がより大事になってくる。

例えば、ロシアとウクライナが戦争をしています。このとき、「ロシアが悪い」というのはすごく簡単なんだけど、違う意見もあるわけです。「ロシアとウクライナはもともと同じ国だったんだから、一緒になろうとすることの何が悪いのか」と反論されたときに、私たちはどう答えたらいいか。

若宮　ロシアが悪い、というのは簡単ですものね。

和田　そうなんです。「あいつは不倫したからダメだ」と言うのと、「ロシアは悪い」と言うのと、ちっとも変わらない（笑）。上っ面だけ見て、他の人と足並みを揃え「あいつが悪い」と言うだけじゃ、チャットGPT以下の存在ですよ。

結論が変わらなかったとしても、なぜなのか、どうなっているのか、どうしたらいいのか、と考えるのが私たち人間のすることじゃないか。AI社会って、ようは記憶力じゃなくて、思考力や感性で勝負する時代だと思うんです。

若宮　高齢者は「記憶力」では若者に全然敵《かな》いませんけど、思考力なら勝負できますしね。

和田　まったくその通りです。ＩＴもスマホもデジタル機器もＡＩも、高齢者により恩恵を与えてくれる〝道具〟だといえます。

ＡＩ時代に必要なのは目利きの力

和田　もうひとつ興味深い話があって、これも落合さんに伺ったんですが、いままでコンピュータというのは、計算速度を競い合っていたわけですけど、昨今の研究テーマは、「国語力」をどう上げるか、ということだったんだそうです。

それで、概ね２０２６年ぐらいには、人間が作る文書と遜色ないもの、あるいはそれ以上のものが作れるだろうと予測していたそうなんですが、なんとそれが、

2023年に達成されてしまった。チャットGPTがその成果のひとつですね。人間が書く日本語の文章よりも、AIが優れたものを書く時代に突入してしまった、ということです。

若宮　本当にそうですね。実際、例えば「40歳代の女性向けの口紅の広告のキャンペーン」とお題を与えれば、生成AIは、瞬時に文章を作成してくれます。でも、それを鵜呑《うの》みにするんじゃなくて、自分ならこういう要素を足したいとか、こんな切り口でいきたいとか、AIとは異なる観点を持ち込む必要が出てくると思うんですね。

和田　おっしゃる通りで、人間はもう、AIの速度と量には敵いません。となると、若宮さんの指摘の通り、AIとは異なる観点を持ち込まなければ、ダメな時代だということです。

ひとつ例を挙げますと、ポピュラーソングの作曲があります。いままでは、イントロやサビを10個から20個用意して、一番いいものを選んで組み合わせていたそうです。それがヒットの秘訣《ひけつ》だ、なんて話もあったんですが、AI時代はAIがその素材を用意してくれます。10個といわず、1万個用意するのも簡単でしょう。

そうしますとね、作曲家の役割は「いい曲を作る」ということではなく、「いい曲を選ぶ」ということになるかもしれないわけです。

若宮　目利きの力ですね。

和田　日本人にはなぜか強固な強迫観念があって、「手作りがいい」とか「最初から最後まで自分でやるのがいい」と思い込んでいる人がいまだに多いんですが、もうそういう時代じゃないんです。「最後に選ぶ」という感性の勝負になる。

何でも自分でやらなきゃいけない、となると、高齢者は身体的にもハンデがありますが、「選ぶ」ということだけなら、高齢者のハンデはなくなります。

高齢者の活躍の場は「欲求」すること

若宮　私は「世界最高齢のプログラマー」だと周囲から評価していただくのですが、アプリを作ったこと自体、大したことではないと思っているんです。だって「作る」という部分はどんどんAIに学習されて、私が作った程度のアプリなら、いまならすぐにできてしまいますから。

でも、じゃあ誰でもできるかというと決してそうではなくて、大事なのは「何を作りたいか」という意思なんです。ここに年齢は関係ありません。若くてデジタルの知識のある人でも「何を作りたいか」が見つからない人が意外と多いようなんです。

和田　若宮さんのお話は、核心をついています。もっと言うと、何を作りたいか以前の「何を欲しいか」という欲求の話なんです。

これから、どんどんAIが進化していくと、人間の行動そのものが変わります。脳のどこを刺激するとどんな味を感じるかが詳細に解明されれば、実際に高級料理を食べていなくても、まったく同じ感覚を味わわせてくれることも可能になるわけです。あるいは海外旅行に行かなくても、かなりリアルに五感を満足させる体験ができる技術も生まれるでしょう。

アップル社はＶＲ（仮想現実）用端末「アップル・ビジョン・プロ」を２０２４年に発売すると発表しました。ゴーグルを着けるタイプのもので、アップルは「空間コンピュータ」と呼んでいるそうですが。

若宮　すでに、仮想空間のメタバースで通常の会議をしている会社もあります。

和田　ということは、ですよ、「こんなものが欲しい」「こんなことがしたい」と思っている人にとってみたら、この世の天国なわけです。だって実現するための〝道具〟がいろいろと準備されているんだから。

つまり大事なのは、「欲求を持つこと」になるわけです。人々の「欲求」がこの世を進化させるし、便利にする。高齢者の活躍の場は、まさに「欲求」することにあります。ＡＩの時代になれば、ますます高齢者の時代になるんです。

若宮　どんな世の中になるか、興味が尽きません。

第3講

他人と「同じ服」を着る必要はない

「お伊勢参り」という旅行の隠れ蓑

若宮　いま小学校では「プログラミング」が必修化されているそうです。プログラマーの私が言うのもおかしいですけど、あまり意味のない教育だと思います。「欲求を持つこと」が大事だと和田先生はおっしゃいましたが、本当にその通りで、いくらプログラミングを小学生のうちから学んでも、「やりたいこと」は見つかりません。それに、技術は進歩しますので、習ったこと自体がどんどん古くなってしまいます。

和田　「欲求」の話でいえば、従来の日本人は、高齢者が欲求することに否定的だったわけです。年齢を重ねれば重ねるほど、人間は枯れていくものだという勝手な思い込みがあるから、高齢者に欲求があるわけないと思っているんです。だから、高齢者の欲望に触れると、ギョッとするし、否定してしまう。

若宮　高齢者にも欲望はたくさんあります。

和田　そうなんです。年を取っても、うまいものは食べたい。もてたい。旅行したい。もっと贅沢《ぜいたく》に暮らしたい。そういう欲望があることは、健全なんです。ところが、そういうことを口にすると、厚かましいと取られてしまう。だからおいそれと口にできない。

若宮　身勝手でわがままだと言われることも多いですしね。

和田　そう、先ほども言いましたが、とにかく社会が高齢者に我慢を強いるんです。日本人の高齢者の多くも、それに甘んじてきました。

若宮　残念なことです。

和田　ところが、高齢者が黙っているもんだから、「年寄りは欲求がない」と国や企業が勘違いしているんです。先ほど、高齢者向けの製品やサービスの開発が遅れていると申しましたが、その大きな要因はこの誤解からきていると思います。欲求すればそれを実現できる技術があるわけですから、私は高齢者がもっともっと、自分の欲求を口にすべきだと思うんです。もっと図々《ずうずう》しくていいし、もっと厚かましくていい。

若宮　儒教の精神なのか、そのあたりは不勉強なのでわかりませんが、生臭いことを言わないのが日本の美徳だったんだと思います。例えば江戸時代も、みなさん、「お伊勢《いせ》参り」に行きましたでしょ？　あれだって伊勢神宮への信仰心があったわけじゃなくて、本当は道中が楽しかったから行くんだと思うんです。でも、旅行を楽しみます、と大っぴらに言えないから、「お伊勢参り」という隠れ蓑《みの》を用意した。そういう本音と建て前が日本には多いような気がします。

戦争が日本人の精神を変えた

和田　そういうことはあるでしょうね。もうひとつ、いまの日本人の清貧の考え方って、実は最近生まれたらしいんですよ。何かの本で読んだんですが、日本人の精神性が、実は一番変わったのは昭和10年（1935年）前後らしいんですね。

若宮　昭和10年前後というと、日本が中国大陸に侵出した頃ですね？

和田　ええ。それまではですね、日本というのは明治維新以降、先進国に追いつけ、追い越せ、とやっていたわけです。鹿鳴館を建てて、毎夜、ドレスを着て踊っていたのもそうですね。欧米のような豊かな暮らしをしたいと思っていたわけです。清貧じゃなくて、贅沢を欲していた。

ところが、中国との戦争を始めた昭和10年代というのは、目の前の戦争で勝たなきゃいけない。そのあたりから「欲しがりません、勝つまでは」「贅沢は敵」などという、清貧の思想へ移行してしまった。

若宮　そうだったんですね。

和田　終戦直後も、「贅沢は敵」という考え方は続きました。だって贅沢しようにも、物がなかったわけですから。

若宮　でも高度経済成長期を経て、日本はどんどん豊かになっていきますよね？

昭和30年代の「三種の神器」（白黒テレビ・電気洗濯機・電気冷蔵庫）だとか、

昭和40年代の「新・三種の神器」（カラーテレビ、クーラー、自動車）だとか、世の中は清貧ではないほうに向かっていきます。

和田　その通り。日本人は、やっと贅沢ができるようになったんです。そういう意味では、本来の姿に戻ったと言えます。で、アメリカの社会学者エズラ・ボーゲルによる『ジャパン・アズ・ナンバーワン』（1979年）なんていう本も出て、日本人はようやく自信も取り戻した。

　ところが、俺たちもやっと好き勝手にできるようになったと喜んでいた矢先に、バブルが弾《はじ》けちゃった。冷や水を浴びせられ、「贅沢をしていたから罰《ばち》が当たった」なんて言い出す人も出てきた。中野孝次《なかのこうじ》による『清貧の思想』がベストセラーになったのが、平成4年（1992年）のことなんですが、バブル崩壊の影響が大きいと私は思います。

若宮　私の銀行員時代の最後のほうは、バブル崩壊と重なっているのですが、混乱がくるのはこのあとでしたね。

和田　だいたい罰が当たってバブルが崩壊するわけがない（笑）。あれは経済政策のミスに尽きます。なのにお人好《ひとよ》しの日本人は、政府を批判する代わりに「自分たちが悪かった」と清貧に走ってしまった。その精神構造をいまも引きずっているとしか思えません。

若宮　いまでも質素倹約がもてはやされますからね。

戦後から始まった「体罰」

和田　もうひとつ、戦争の後遺症があるのですが、それは子どもたちへの「体罰」です。明治時代に日本に来た外国人が、「日本人は子どもに手をあげない」と驚いているほどで、日本は子どもを大切にする国だったんです。村に秀才がいると、周囲で援助して学校に行かせました。子どもは村の財産だったんですね。戦前の法律でも明治12年（1879年）の「教育令」ではっきりと「体罰禁止」

をうたっています。親が子どもに手をあげることを、教師が止めるような時代でした。

ところが昭和10年前後から、教育の現場に「軍事教練」が入ってきて、軍人が直接、教えるようになります。このあたりから「生徒は殴って育てろ」とか、わけのわからないことを言い出し始めたんです。それから戦争末期は、教師も招集されて戦場に行きました。そこで上官に殴られたり、逆に部下を殴ったりと、いわゆる「暴力」を覚えて帰ってきた。彼らが戦後、教壇に復帰したので、実は戦後のほうが体罰はひどいんです。

若宮　私の小中学校の頃も、何かをしでかすと、教師にすごい剣幕で怒られ、バケツを持って廊下に立たされたりとか、物差しで尻を叩《たた》かれたりするのが当たり前でした。

和田　そうですよね。実は学校から体罰が減っていくのは、昭和60年前後からなんです。なぜかというと、戦地帰りの教師たちが、次々と定年退職になるなどしたから。いまも学校での体罰の問題がありますが、あれは、戦争から続く負の遺産を引きずっているのです。

健康のためなら死んでもいい？

若宮　戦争は随分、いろいろなものを日本社会にもたらしたのですね。だったら、「贅沢は敵」なんて言葉はごみ箱に放りこんで、もっと好きなことにお金を使えばいいですね。

和田　本当にその通りです。

若宮　私なんかは、好きな物を食べればいいと思うし、そういうことを構わず口にしますけど、最近は「そんな物を食べたら、体に悪い！」とかすぐ言われる時代でしょ？　お医者さんだけでなく、健康オタクみたいな人もたくさんいて、何かと「それは健康に悪いから」と止められてしまうんです。中には「健康のためなら死んでもいい」という勢いの人さえいます（笑）。

和田　これはね、笑い事じゃなくて、実は本当に、健康のために死んでいる日本人がたくさんいるんです。

若宮　え、そうなんですか？

和田　日本人の死因のトップは、ご存じの通り「がん」なんですね。がんで亡くなる人が、心筋梗塞で亡くなる人の約12倍もいます。

心筋梗塞や脳梗塞というのは、血管の病気です。動脈硬化によって血栓ができ、血管が詰まったり、流れが悪くなったりすることが大きな原因なんですね。ですから、これを予防するためには、体重を落とせだとか、コレステロールを減らせだとか、酒を飲むなとか、煙草《たばこ》を吸うなとか、そういう禁止事項が増えてきます。こうしたことは心筋梗塞や脳梗塞の予防になるのですが、禁止ばかりですからね、ストレスが溜まるんです。

若宮　たしかに、あれもダメ、これもダメと言われ続けたらストレスだらけになりますね。

和田　そうなんです。ところがですね、がんというのは、免疫機能が高い人はなりにくいんです。低い人がなるんですね。

若宮　どういうことですか？

和田　大雑把に説明すると、がん細胞がまだ小さいときに、免疫細胞が食べてくれるので、通常はがんにならないんです。逆に免疫細胞が食べてくれないと、がんになっちゃう。そのときに、実は我慢し続けていたとか、嫌なことばっかりやっていたとか、そうなってくると、ストレスがかかって免疫機能が低下してしまうんです。すると、がん細胞の掃除ができなくなる。

つまり、がんにならないようにするためには、我慢はするな、ということです。

若宮　ということは、「健康のため」といってあれこれ我慢していると……。

和田　そう、がんになりやすくなってしまう。健康のために死んでいる日本人がたくさんいる、と言ったのは、そういう話です。

医療も受験も我慢を強いる社会

若宮　でも、お医者さんからも、いろんなことを「するな」と止められることが多いように思いますが。

和田　それが問題なんです。実はね、世界の先進国といわれる国の中で、がんによる死亡者が増えているのって、日本だけといわれるんです。普通は、がん治療自体が進歩していますので、減っていくはずなんですが、そうじゃない。ということは、進歩に追いつけないくらい、がんになる日本人が増えているということです。結論を言えば、「患者には我慢させろ」という考え方が、元凶なんです。

このがんとストレスの関係や日本の我慢を強いる医療の問題は、数字としてもデータが出ているのに、多くの医者は認めようとしません。それどころか、私を批判する（苦笑）。ほとんど言いがかりですけどね。

若宮　日本は「禁欲」「我慢」が美徳の社会が続いているんですね、悲しいことですけど。そういえば受験勉強もそうですね。私の頃は——随分昔ですけど、夜12時過ぎてまで勉強するのが当たり前で、眠ければ水をかぶれと言われました。でも眠いときは脳が働いてないんですから、寝たほうがいいのに、と私は思っていましたけど。

和田　その通りです。私より上の世代、団塊の世代の頃にできた言葉のようですが「四当五落《しとうごらく》」という言い方がありました。睡眠4時間なら合格、5時間だと不合格というわけです。「受験戦争」という言葉が使われ始めた頃で、睡眠すら我慢して受験勉強せよ、というバカげた話です。

この話には続きがありましてね。その「四当五落」が流行《はや》った頃に、東大の教授が、東大に合格した受験生の睡眠時間を調査したんです。言葉が正しければ4時間以下にならないといけないわけですが、結果はなんと8・5時間。合格したのは、きちんと睡眠をとっていた連中だったというオチです。

若宮　皮肉な話ですね。

和田　ちゃんと寝ている受験生が受かって、「四当五落」を信じて4時間しか寝ていない受験生は、かえって脳が働かないから、むしろ勉強の効率も理解度も落ちてしまっているんですね。

若宮　やっぱり我慢は良くないのですね。

我慢しているうちに経済は凋落

和田　この点からも、私はね、日本人はもっと科学的に学んだほうがいいと思っているんです。我慢だ、清貧だって、いつまでも精神論を振りかざしているから国際競争に勝てない。いま、日本は「30年不況」、あるいは「失われた30年」という呼ばれ方もしますけど、バブル崩壊の90年代初頭から今日に至るまで、経済成長がふるわない時代が続いているんです。

これを解消できない理由のひとつが、この我慢精神ですよ。だって経済を活性化するには、国内の消費活動を活発化しなくちゃいけないのに、我慢だ、清貧だ、節約だって言い続けているんだから、消費が増えるわけない。消費行動は気分に左右されますから。

若宮　たしかに、節約だって言われ続けると、財布の紐《ひも》は固くなりますね。

和田　２０２３年のＧＤＰ（国内総生産）で比較すると、日本は、４兆４０００億ドルで、アメリカ（26兆８５００億ドル）、中国（19兆３７００億ドル）に次いで、世界3位です。４位はドイツ（４兆３０００億ドル）ですが、近いうちにドイツに抜かれると予測されています。

１人あたりＧＤＰでは、すでに韓国に追い抜かれ、台湾にも抜かれるとの予測もあります。日本はもはや経済大国ではなく、アジアの中でも経済的にトップの国とは言い切れないのです。

若宮　寂しいですね。

和田　そりゃそうですよ、経済大国の国民が我慢や節約を強いられますか？

若宮　きっと我慢しているうちに、日本人はやりたいことがなくなってしまったんでしょうね。

和田　まさにそうです。デジタルやＡＩの時代は、さらにそれが加速しますよ。アップル社のスティーブ・ジョブズや、テスラ社のイーロン・マスクじゃないけど、彼らは日本人から見れば、横暴でわがままです。「ああしたい」「こうしたい」とはっきり主張する。でもそういう、自分の欲求や欲望に忠実な人が経営者をやったほうが、うまくいくはずです。

若宮　日本人には、あまりそういう人は見かけませんね。

和田　だって日本の社会は、上司のイエスマンになって、我慢、我慢、とやってきた人間が出世してきましたから。会社でも、大学でも、そう。だから、我慢型人間の拡大再生産になってしまった。モノ言う人間のほうが弾かれてしまう。

いままでのように、我慢させたり我慢したりするのが良い社会だと思っていると、日本はね、もうもたないと思うんです。経済は発展しないし、我慢でストレスが増えて、がんの死亡率も上がる。

それどころか、我慢していない人を見つけて責め立てるような、不寛容な足の引っ張り合いの社会になる。残念なことに、ＳＮＳやネットの掲示板のあり方などをみると、もうそうなっているともいえますが……。

なぜ日本人は同じ色を着たがるのか

若宮　何かを主張する人間って目立ちますよね。日本人の多くは、目立つと誰かに何か言われるんじゃないかということを、すごく気にして生きている気がします。服装がいい例です。いまだに、女性が「制服」を着ている会社は多い。男性もそうですよね。制服のない会社であっても、服装の色は、黒か白かグレーかベージュ。就業規則で決まっているわけでもないのに、街を歩いているサラリーマンのスーツの色は、ほとんど同じです。

私は色柄の服が好きでよく着ていますけど、目立つのが嫌な人からみると、「なんであんな格好しているの?」となるんでしょうね。

和田　好きで黒やグレーを着ているならいいと思いますが、周りに合わせているなら、考え直したほうがいいでしょうね。

若宮　中高年のサラリーマンの方も、もっとお洒落を楽しんだらどうかしら。

和田　実は男性の患者さんには「赤を着たほうがいい」とよく勧めているんです。なぜかというと、赤い色を見ると、人間は男性ホルモンが増えるらしいんですね。男性ホルモンが増えると、精力が増すということだけじゃなくて、意欲が増すんです。人づきあいも積極的になることがわかっています。「英雄色を好む」といいますけど、確かに男性ホルモンが多い人のほうが、女性にも興味がある一方で、男の友達も多いんです。

若宮　なるほど、わかります。

70歳を過ぎて発明した「エクセルアート」

和田　若宮さんは、「色柄が好き」とおっしゃいましたが、いつも素敵なお召し物を着ていらっしゃいますね。

若宮　ありがとうございます。このシャツ（帯写真参照）は「エクセルアート」といって、私がデザインした柄を布にプリントして、仕立てたものなんです。

和田　「エクセル（Ｅｘｃｅｌ）」ってあの表計算ソフトの……。

若宮　ええ、そうです、普通は仕事で数字をまとめたりするのに使いますよね。エクセルは表計算ソフトですから、一般的には、「家計簿を付ける」とか「血圧の数値をグラフ化する」とか、そういうことに使います。でも私は真面目じゃないから、教科書通りの使い方ばかりじゃ、つまらないんです（笑）。

エクセルは、縦横に線が引かれて格子状になっているわけですけど、それを眺めていたら、白い四角い箱が並んでいるように思えてきた。この中（セル）に数字以外のものを入れたらどうなるかしら？　と思って、試しに色を入れてみたんです。エクセルには、色をつけたり、ぼかしを入れたり、線の太さやデザインを変えたり、という機能がもともと付いていますから、いろいろ遊んでみたんです。

和田　そしたら、素敵な柄になったというわけですね。考えついたのはおいくつのときですか？

若宮　70歳を過ぎてからです。さらに工夫していくと、「重ね菱《びし》」などの日本古来の伝統的な文様もできてしまうものですから、すっかり面白くなっちゃって。「エクセルアート」と名付け、独自に試行錯誤していきました。

最初は、紙に印刷して、グリーティングカードや団扇《うちわ》を作っていたのですが、「メロウ倶楽部」の友人が、「自分で作ったデータをプリントしてオリジナルの生地を作れるサービスがある」と教えてくれたんです。そうやってできた布を、今度は裁縫上手の友人が、洋服や小物に仕立ててくれました。

和田　それがその素敵なお召し物というわけですね。

若宮　でもエクセルアートを始めたばかりの頃は、「あの人はエクセルができないからあんなことしてる」と陰口をたたかれたんです（苦笑）。

和田　日本人の悪い癖ですね（笑）。教科書通りにやろうとするし、やらせようとする。やっていない人のことは責める。自由にやってみる、やったほうが楽しい、という発想がないんですね。マニュアルに従っているだけでは、新しいものは生まれないんですけどね。

台湾のデジタル担当大臣が褒めた理由

若宮　講演会などでは、エクセルアートの服を着ていくようにしています。夏なら朝顔を模した柄とか。自分がデザインした柄ですから、身につけていると自然と気持ちが高揚《こうよう》してきます。エクセルアートのことは、日本ではなかなか認められなかったんですけど、あるとき、世界的なプログラマーが評価してくれたんです。オードリー・タンという方がいますでしょ？

和田　若くして台湾のデジタル担当大臣になった、あのオードリー・タンですか？　デジタル技術を駆使して、台湾ではコロナ対策が猛スピードで行き渡り、世界的にも注目を集めましたね。

若宮　そのオードリーさんと２０２１年に対談を行ったんです。そしたら、「世界最高齢のプログラマー」ということよりも、「エクセルアートの創始者」ということを高く評価してくださいました。プログラムは誰でも作れるけど、エクセルアートを考えついたのはあなたが初めてだって。エクセルアートの実体は、エクセルのファイルなので、受け渡しも簡単。受け取った人は誰でも、私と同じ柄のシャツを作れます。そのことも評価してくれました。

和田　さすがオードリー・タンですね。やり方を考え出したり、探したり、工夫したり、ということを評価する。その評価軸の確かさに唸《うな》ります。日本でも、もっとそういう面を評価すべきなんですがね……。そして新しいモノやコトを生み出すのに、年齢は関係ないということです。

若宮　本当にそうですね。私自身も、何かを始めるのに、70歳だから、80歳だから、と年齢を理由に諦《あきら》めたことはありません。むしろ、私が年を取る以上のスピードで、ITやデジタル、AIが進化していきますので、できることがどんどん増えていくという実感があります。

自分にしかできないことをやる

和田　若宮さんのお話を聞いていて思ったのは、日本人はやはり、枠を出たがらないということです。だから同じ色の服を着たがるし、教科書やマニュアルに書いてないことは、やろうとしない。お上《かみ》の言うことを唯々諾々《いいだくだく》と聞くのもそのひとつでしょうね。

でも「決まったこと」を繰り返しているだけなら、すでにAIやロボットには敵わないわけですよ。だってAさんがやってもBさんがやっても同じなら、AIやロボットに任せればいいということになる。そのほうが速いし、はるかに出来がいいでしょうしね（笑）。

若宮　でも、同じことを繰り返す仕事が好きですよね、日本人は。

和田　医者もね、そうなんです。病気によって出す薬や治療法はだいたい決まっていますが、本当はそれだって、ひとりひとり、変えなければいけません。その人がいったい何を望んでいるか、ということがないがしろにされやすいんです。

いったいどこまで戻したいのか。どこまで無理できるのか。何なら我慢できて、何ならできないのか。極端な話、薬を出すよりも、安心感を与えた方がいい場合だってあるんです。そこを見極め、患者に即した対応をしていかない限り、医者なんてね、あっという間にAIに置き換わりますよ。だって画像診断だったら、すでにAIのほうが上なんですから。

AIが、患者の病名を探り当て、相応《ふさわ》しい治療法や薬を提供する時代だって、それほど遠い未来じゃありません。

若宮　私も、考えることがあるんです。これは自分にしかできないことだろうか、それともデジタル技術やＡＩでできてしまうことだろうかって。

和田　大事なことです。逆にいえば、年齢が若いからＡＩ時代を生き抜けるとか、そんなことは全然ないんです。年齢に関係なく、自分で思考したり、感じたり、欲求を表現できる人が生き残っていきます。人と違うことを、どれだけ考えたり、実行に移せたりするか、ということですから。教科書に書かれたことしかできない人はもう、たとえ10代でも「使えない」といわれる時代になるでしょうね。

若宮　わかります。

学ぶことが楽しいことだと教えるべき

和田　仕事だけじゃなく、勉強も同じなんです。私は過去に、どうやったら楽に東大に受かるかという切り口で『新・受験技法 東大合格の極意』という本などを書いて大顰蹙《ひんしゅく》を買ったわけですけれども（苦笑）、「楽をする」という考え方にピッと反応する人がいるんです。どうも精神論を重んじる立場の人からは、「楽」ということが容認できないらしい。

若宮 日本人は何かと、「苦労は買ってでもせよ」ですからね（笑）。

和田 そうです。本当にね、子どもたちにとって受験勉強が苦しくていいことなんてないんですよ。「受験は苦しいのが当たり前。努力しろ」なんて言うより、「受験は点を取るためのゲームで、攻略法を知っていれば勝てるよね」という話に持っていったほうが、よっぽど勉強をやるんです。だってゲームなら楽しいから。

若宮 ゲーム感覚で楽しめたら、勉強もはかどるでしょうね。

和田 だから受験勉強そのものが悪いんじゃなくて、受験勉強を教える先生の教え方が悪いんです。いまだに多くの学習塾では、「ど根性」「ど根性」と繰り返しているんですから。言われ続けた子供たちは勉強が嫌いになるし、一度勉強が嫌いになった子どもは、大人になってからも、なかなか勉強しません。

国はいまさら、社会人の「リスキリング」（職業能力の再開発、再教育）を言い出しているけど、前向きに取り組めるわけないんです。受験勉強で多くの日本人が、勉強嫌いになっているんだから。

若宮　学ぶことの楽しさを知らないままなのだとしたら、それはとても不幸なことですね。

和田　これからの時代というのは、頭が柔らかい人が評価されます。これは間違いありません。でね、ここでよく勘違いして、「受験勉強をすると頭が固くなる」という言い方をするのだけど、私自身は、ど根性で勉強しているから頭が固くなると思っているんです。私が教えているように、ゲームのつもりで受験勉強をやっている人間は、「どうやったら楽して解答できるか」ということを考えていますから、頭が固くなりようがない。なぜ、勉強は面白いものだということから教えようとしないのか、不思議でならない。

若宮　そうですね。

和田　かつて導入していた「ゆとり教育」がいい例ですよ。勉強はつまらないもの、という固定観念があるから、内容量を減らせば、子どもは勉強に興味を持つんじゃないか、と考えてしまった。でも、そんなことはありません。例えば、歴史小説。司馬遼太郎も吉川英治も長編作品が多いですが、読むのが大変だから、と文字量を削ってスカスカにしたら、これはやっぱり面白くないわけです。

若宮　難行苦行をするのがいい、とずっとされてきましたからね。「良薬口に苦し」と言いますでしょう。あれなんか、典型的な言葉で、苦い薬だから効くとか、それはおかしいと思うんです。別に、糖衣錠だっていいわけでしょ？　何でもかんでも修行のように、苦労させたり、我慢させたりするのは、何かがおかしいように思います。

和田　人生、もっと面白く生きていいし、そういう人が評価される社会になるべきだと思いますけどね。

第二の大谷翔平を生み出す国に

若宮　いまこうして、私が人生を謳歌できているのも、パソコンにインターネット、デジタル技術にプログラミング……と次から次へと、新しく学ぶことがあるからです。「自分から進んで学ぶ」ということ自体の楽しさを、経験してしまったんです。

和田　学習塾の関係者や学校の先生がすべきことは、まさに若宮さんがおっしゃる通りで、「学ぶことの楽しさ」を伝えることなんです。

例えば目の前に試験問題がある。「公式を覚えろ」ではなく、「どうやったら楽して解けるか」を考えさせればいい。だって「どうやったら楽できるか」と考え、そのための仕組みや装置を考え出すことが、世の中を進歩させてきたんだから。

若宮　おっしゃる通りだと思います。

甲子園の高校野球を見てもそう思います。最近は少しずつ変わってきましたけど、以前は「ど根性」がまかり通っていました。延長18回をひとりで投げ抜いた選手を英雄扱いしたんですから。

ど根性を称賛していたわけですけど、自分の肩を壊してまで投げ抜くって、美談ではないですよね？

和田　科学的にも将来のことを考える上でも完全に間違っていますね。以前は、「部活の最中に水を飲むな」とか、平気で命じていましたからね。アマチュアスポーツ界にも、ようやく科学的なアプローチが導入されてきましたが、受験勉強とか、新入社員に対する教育とかでは、まだまだ精神論がまかり通っています。

本当に賢い人は、やり方を工夫して結果を出す人。その工夫が大事なのに、工夫しない人が、前例踏襲でこれまでのやり方を押しつけるだけ。世の中を根性で切り抜けようという誤った考え方を早く改めないと、日本社会はどこまでも衰退しますよ。

若宮　やり方を押しつけるのは、年齢に関係なくありますね。

和田　例えばメジャーリーグで活躍している大谷翔平選手がいい例だと思うんです。人間っていい環境が与えられれば、その人の「芽」がすっと出てくる。もし大谷選手が昔の古いやり方を押しつける監督やコーチにあたっていたら、いまの活躍はないかもしれないわけです。「世界のオオタニ」が存在していない。ピッチングもバッティングも、二刀流でやるなんて、いままでの常識になかったわけですから。もしかしたら、どちらの才能も開花しないうちに終わっていたかもしれません。

第二の大谷翔平のような日本人を輩出するためにも、新しいやり方を歓迎するような社会であってほしいですよね。

第4講

AI時代の高齢者の豊かな生き方

裁判も政治もＡＩのほうがいい？

和田　繰り返しになりますが、これからいよいよ本格的なＡＩの時代に突入するわけです。世界のデジタル先進国を見てきた若宮さんからすると、どんなふうに世の中が変わっていくと思いますか？

若宮　私はＡＩが出てきたときに感じたのは、明るい未来だけなんです。一例を挙げると、生成ＡＩのチャットＧＰＴが、英語版の司法試験の模試をクリアした話題がありました。司法試験は法律書の隅から隅まで覚える、というのがいままでのやり方でしたけど、ＡＩがその苦労を肩代わりしてくれるなら、もう法律書を丸暗記する必要はありません。大まかな仕組みや構成だけを把握して、裁判官や弁護士は、検索したり、生成ＡＩに聞いたりすればいいわけですからね。

そのぶん、違うことに労力が向けられるわけだから、裁判官や弁護士になりたい人がまた増えるんじゃないかしら？

和田　国際競争に勝つためには、日本人は「ＡＩに何をさせるか」ということを、国を挙げてもっと真剣に考えないといけません。繰り返しますが、いまだに「ＡＩを活用する」ということを「努力せずにズルしている」と捉える向きが随所であります。そんな考え方をしていたら世界に取り残されるに決まっています。

若宮　ＡＩによって社会がどう変わるかを考えるのは、楽しいですね。そのうち裁判官の席にロボットが座って、弁護士の席にも検事の席にもロボットが座って……という時代がくるんでしょうか。被告席にだけ人間がいるという法廷が。

和田　「悪いこと」というのは、人間が感情を持っているからこその行動ですから、被告だけ人間で、裁《さば》くのも弁護するのもＡＩという時代がきてもおかしくないですね。もしかしたら政治だって、ＡＩにさせろという声が出てくるかもしれない。だって「戦争をしない」が政治の最適解ならば、人間の政治家は間違えてばかりなわけでしょ？

だったらＡＩにやらせておけばいい、ということになりますよね。

若宮　「政治をＡＩにやらせればいい」というのは、冗談じゃなくなっていますね。講演でよく地方に行きますが、地方議会はおしなべて、なり手がいなくて疲弊しているんです。硬直化もしています。こういうときに「老人ばかりが政治家をやっているからダメなんだ」と言われますが、そう単純な話ではないようです。選挙に行かないだけじゃなく、若い人が政治の世界に入ってくること自体が減っていて、結果的に老人ばかりという地方議会もあります。

和田　たしかに、志す人は少ないようです。

若宮　これは地方政治の問題だけじゃなくて、世間ではよく、高齢者は頭が固いって言われ方をします。これは「固い」のではなく、「新しい刺激」が少ないということだと思うんです。だって、いつも同じ人と同じ話題を口にしていたら、同じことしか出てきませんよね。

高齢者に足りないのは刺激。日常に刺激が少ないだけなんです。若い人と交われば、自然と刺激を受けますし、高齢者自身の知見も広がります。私が高齢者にネットの利用を勧めるのも、ネットは若い人とも繋がりやすいからなんです。

日本は「シルバー民主主義」の国じゃない

和田　新しい刺激を受けることは、脳にとってても大事なことです。若宮さんはいまから30年ほど前、いち早くパソコンを購入されたということでしたが、こうした外部からの刺激が、若宮さんをいきいきとさせているのでしょうね。

若宮　ええ、高い買い物でしたが、あのとき思い切ってパソコンを購入したからこそ、いまがあるといえます。

和田　政治に関しては、日本は「シルバー民主主義」の国だという批判があって、日本の政治は、有権者の中で高い割合を占める高齢者向けの政策が優先されるといわれます。でも、私は本当の意味でのシルバー民主主義ではないと思っているんです。だって街を見てください。歩道橋だらけですよ？

もし高齢者向けの政策を優先的にやっているなら、あれが改善されないのはおかしいでしょう。「バリアフリー」とは掛け声ばかりで、いまの歩道橋の多くは、ベビーカーのほうにとっても、障害者にとっても、高齢者にとっても優しくない。若宮さんが事故に巻き込まれたエスカレーターもそうです。

若宮　本当にそう思います。私はひとり暮らしなので、買い物もたいてい、ひとりでするわけですが、荷物を持ちながら歩道橋を渡るのは本当に危険です。雨の日は滑りますし。でもね、その話を周囲にすると、荷物が多いときや雨の日は歩道橋を使うなと言われるんです。危ないからといって、使わないわけにはいかないというのに……。

和田　そうなんです。高齢者に「危ないからやめろ」と言うだけで代替案がないんです。ですから、高齢者は「危ないから歩道橋をなんとかしろ！」ともっと声をあげるべきなんです。そういう問題のほうが切実なのに、日本の政治はそれがわかっていないのか、あるいは、わかっているけど何か別の利権があるからなのか、何も動こうとしない。

若宮　未来の話ではなく、いま超高齢社会を迎えているわけですからね。

和田　でも、こうした街の安全などに関する課題の解決も、AIの時代になると、もっと早くなるはずなんです。AIがなんのしがらみもない最適解を考えてくれるわけですから。

若宮　そうですね。

タクシーの広告も高齢者は無視？

和田　AIやITの活用に関しては、政治や行政だけでなく、民間企業もどんどん取り入れるべきです。先日、タクシーに乗ったときも実感しました。

従来のタクシー広告といったら、助手席の背もたれに設置されるリーフレットや、窓ガラスのステッカーがせいぜいでした。最近は、助手席の後ろにモニター画面が設置された車両が増えてきましたが、そこには動画広告が流れています。このこと自体はいいんですが、広告の中身がどこで乗ってもビジネス層向けのDX関連ばかりでミスマッチなんですよ。

若宮　私もその広告をよく目にします。

和田　「DX」というのは、「デジタルトランスフォーメーション」の略で、デジタル変革という意味です。いわば、わが社のデジタル技術を御社も導入しませんか、という広告なわけですが、これが都心部のビジネス街を走るタクシーならわかりますよ。広告効果も期待できるでしょう。

ところが、緑豊かな相模原市（神奈川）でも、八王子市（東京）でもDX関連の広告ばかりで、目を疑ったんです。都心部以外のタクシー利用者の多くは、高齢者でしょう。DX関連の広告を見せて、どうすんだと。

若宮　あまり意味はありませんよね。

和田　例えば、パソコンやスマホのネットの検索画面には、ユーザーの属性に見合った広告が表示されるわけです。だからタクシーの動画広告も地域性に見合った広告を打つことも技術的には簡単です。ＡＩを絡めれば、乗客の行き先や年齢に合わせて、志向に合った広告を瞬時に打ち出すことも可能でしょう。高齢者向けの飲食店や温泉施設の広告とかね。

そういう工夫があまり見られないのが残念で仕方ないんです。

若宮　タクシーでいうと、そもそもＩＴやＡＩと相性がいいと思うんです。地方では過疎化が進んで、バスや電車の路線が廃止されたり、本数が減らされたりしています。すると、高齢者はタクシーを利用する機会も多く、行政からの補助金もあるわけですが、ＡＩを使えば、乗合タクシーのような使い方もできます。

そのためにはスマホのアプリと連動させる必要が出てきますので、高齢者がスマホを使う動機づけにもなると思います。

和田　交通システムは、ＩＴやＡＩの活用で、どんどん変わっていくでしょうね。

マイナカードは必要か、不要か

若宮　医療の世界のあり方もまたＩＴやＡＩの活用によって変わっていきますよね？　そういえば、マイナカード（マイナンバーカード）の保険証利用が世間を騒がせていますね。

和田　マイナカードの騒ぎに関しては制度設計の問題と、今回のさまざまなミスは分けて考えるべきだと思います。ようはね、政治家も官僚もせいぜいＩＴ時代までのことしか把握できていなくて、ＡＩのことがよくわかっていないんです。だって、情報を手作業で紐付けているんですよ？　いつの時代の話ですか。

私だったら、１年間の猶予をもらって、その間に、自動で情報を紐付けられるようなＡＩを開発させます。そういうこともせずに、昔ながらの手作業でせっついたものだから、ミスばかり起きてしまった。情けない話ですよ。

若宮　本当にそうですね。２０１９年にエストニアを訪問したのですが、ここはほとんどの行政手続きを紙からデジタルへ移行した国で、早くに電子政府を実現しました。２００５年に電子投票を行ったのですが、それも世界初のことでした。

和田　エストニアはデジタル先進国として有名です。

若宮　ここの国民は、15歳以上の国民すべてがＩＤ（身分証明）カードを持っていて、それが銀行口座やクレジットカードなどの金融情報、医療や社会保険、納税などの情報と紐付けられて、福祉などの公共サービスにも繋がっているんです。

和田　彼らの反応はどうでしたか？

若宮　日本なら「監視社会だ！」と拒否反応が出そうですが、現地の人たちに聞くと、「国に監視されているというデメリットよりも、国に見守られているという安心感のほうが大きい」と言うんです。銀行情報や医療情報などの個人情報は厳しく管理されていますので、その安心感もあるんでしょうね。

和田　日本とは大違いですね。

若宮　実際、エストニアの高齢者に聞いた話なのですが、その方はひとりでいるときに、心筋梗塞で倒れてしまったそうなんです。幸いすぐに発見され、救急車で病院に運ばれたのですが、意識を失っているので、医者の質問に答えようがありません。ですが、ＩＤカードを所持していたので、そこから病歴や服用している薬、血液型などがすぐにわかって、迅速に的確な処置を受けることができたそうです。ＩＤカードを持っていたおかげで助かったというのです。

エストニアでは、ＩＤカードの携行義務があるので、いつも持ち歩いているんです。お守り代わりですね。

和田　それは進んでいますね。日本の場合は、電子カルテの導入も遅かったですし、フォーマットもバラバラ。これだって、ＡＩに統合させれば問題ありません。あとは利用者の不安をどう解消するかでしょうね。だってマイナカードから治療歴などの情報を検索できるんだから、実は病院を変えたりするときに、患者さんにとってはメリットだらけなんです。煩わしい手間も省けますし、何度もイチから検査する、ということもなくなります。

若宮　マイナカードの本質的なメリットは大きいと思います。

デジタル先進国の高齢者の反応

和田　マイナカードのようなものを導入したり、デジタル社会に移行したりする場合、当然、頭の固い人たちの反対を受けるわけですが、エストニアではどうだったんですか？

若宮　エストニアでは、国民ひとりひとりに、ＩＤナンバーが与えられ、さまざまな情報と紐付けられています。この記録を誰が見るか、というところが不安だと思うのですが、エストニアでは見た人が記録される仕組みなんです。

確定申告のときに税務署が確認したとか、処方箋を書くときに医者が見たとか、そういうことがすべて記録され、本人が把握できます。もちろん、誰もが見られるシステムにはなっていません。

それで実際にエストニアに住む高齢者100人に、アンケート調査をしてみたんですよ。高齢者がパソコンやスマホ、デジタル機器を使う必要があるので、反対の声や使わない人も多いだろうなと思って。

和田　どんな結果でしたか？

若宮　なんと84％の高齢者が「電子政府サービスを利用している」と答えました。しかも、「電子政府は、あなたの生活をより豊かにしましたか」という問いには、93％がイエスと答えています。みなさん、本当に満足していたんです。

和田　すごい結果ですね。何か秘訣があるんですか？

若宮　エストニアの担当者に伺うと、「ユーザビリティにとことんこだわった」とおっしゃっていました。ユーザビリティとは、利用者がストレスなく使うことのできる「使いやすさ」のことですね。だから、「取扱説明書がないと使えない」とか、「コールセンターを設置しないとダメだ」とか、そういうことではなく、誰もが使えるわかりやすさを実現したということでした。

和田　この設計思想は素晴らしいですね。日本のマイナカードは、そもそも使いにくいし、わかりにくいですから（笑）。

若宮　単純に考えれば、私たちはすでにいろんな番号で管理されています。保険証の番号に、運転免許証の番号、口座番号、納税番号……。マイナカードは、こうした番号を一元化するだけのことだと思うんです。

やり方がまずくて拙速《せっそく》だったので、反発を受けていますが、遅かれ早かれマイナカードは必要になっていくでしょう。だって「税金の無駄遣いはけしからん」といいますけど、紙で申請・保存を続けるようなアナログな行政システムの事務作業のほうが、大いに税金を無駄に使うことになりますから。

電子政府になれば、行政はスリム化し、結果的に費用は安く済みます。

和田　日本でデジタル化が進まないのは、大きな勘違いがあるからでしょうね。必ず、その勘違いから、「高齢者がデジタルデバイド（情報格差）で取り残されるんじゃないか」という批判が起こります。「デジタルデバイド」とは、インターネットを利用できる者と利用できない者との間にできてしまう格差のことですが、その格差を縮めるために、高齢者がインターネットやデジタル機器の使い方を身につけなければいけない、という強迫観念が蔓延《まんえん》しているわけです。でもパソコンだって、最初は使いにくかったわけですよね？

若宮　専門的な説明書しかなく、試行錯誤の連続でした（笑）。

和田　それがいまや、アプリをクリックしたら、なんとなくできてしまうくらい、技術は進展したんです。ＡＩなら音声で指示することもできます。使い方やマニュアルを覚える必要もない。始めから高齢者でも使いやすいシステムにすることは充分に可能です。

日本人は思考の自由度が狭い？

若宮　これだけ便利になってきますと、なんでもパソコンやスマホを使えばできてしまいますから、自分で覚えておくことがなくなりました。最寄りの駅の電車の出発時間も、ＡＩスピーカーに向かって「明日、新大阪に13時につきたいんだけど」と聞けば、電車の時間を教えてくれます。病院や役所に電話をかけるのだって、ＡＩスピーカーがやってくれます。

でも、ＡＩに頼りすぎると老化が進むんじゃないかと心配する人がいるんですけど、そのへんはどう思われますか？

和田　記憶力が低下する可能性はありますね。例えば、携帯やスマホが普及する以前は、主立った友人や仕事先の電話番号を記憶しておくのが普通でした。私も当時は、１００件ぐらい覚えていましたよ。でも、いまはそんな必要がありません。では記憶力の低下と老化現象が繋がるかというと、これは一概には評価できません。なぜなら、番号を記憶しなくても電話をかけられる場所が増えているということは、出かけられる場所が増えているという見方もできます。出かけることと自体が脳にいろいろな刺激を与えますから、老化防止になります。

若宮　スマホの中にナビも入っていますから、どんな場所でも行けるようになっていますし、たしかに銀行員の頃より、いまのほうが行動範囲は広いですね。

和田　何度も言いますけど、最先端の〝道具〟、つまりテクノロジーを利用するのは人間なんです。暮らしやすい社会を作るためにも、「もっとこうしたい」と声をあげるべきなんです。それをさまざまなテクノロジーを活用しながら、実現していけばいい。日本人はどうも回りくどく考えがちなんです。

若宮　そういう教育を受けてきましたからね。私はむしろ、はねっかえりのほうでしたけど（苦笑）。

和田　こういう言い方をすると、叩かれるかもしれませんが、「中国は言論の自由がない」って、日本のみなさんは批判するでしょ？　たしかに言論の自由はないんだけど、中国の人に聞いてみると、日本人が考えるような不自由さではなくて、習近平《しゅうきんぺい》国家主席の悪口さえ言わなければ、大概のことは言えるんだそうです。さらに面白いことに、「習近平もいつか辞めるから、辞めたらまた変わる」と鷹《おう》揚《よう》に構えているんです。一方、日本は歴《れっ》とした自由の国で、言論の自由も保障されているんだけど、言論の自由以前に、思考の自由がない。みんな考えることを放棄しているようなんです。

物騒なたとえを持ち出すと、嫌いなやつを「ぶっ殺してやりたい！」と考えるのは自由なんです。それだけでは罪に問われない。どんな理由があっても絶対にやってはいけないことですがね。それで大事なのは「ぶっ殺してやりたい！」と思うに至った理由は何か、と自分自身に問題の本質を問いかけることなんです。そこから思考が始まるわけですから。

哲学だってそうやって生まれ、深まっていったはずです。ところが日本人というのは、「ぶっ殺してやりたい！」と考えることすら、禁止しようとしてしまう。だから何も思考が発展しない。

若宮　法律とは関係なく、行動を縛ろうとしますよね。「自粛」とか「奨励」「努力義務」という言葉は、コロナ禍の最中、よく聞かれました。

和田　日本人は言論の自由が保障されているにもかかわらず、思考の自由度がすごく狭いんです。

若宮　やっぱり自分の頭で考えるよりは、体制に従うとか、みんなと変わらないほうが安心とかいうような……何か「保護色」みたいなものが好きなんですかね？　サラリーマンが同じ色の服を着たがるのと同じ心持ちかもしれません。

和田　そうですね。女性は女性で良い妻であれとか、男性は男性で企業戦士であれとか、そういう価値観の押しつけをされたら、普通はイラッとしてほしいんだけど、あまりに馴染《なじ》んじゃって、それこそ、そういうレッテル自体が「保護色」になっている気がしますね。

若宮　そうなんです。だけど、大袈裟《おおげさ》かもしれないけど、この頃、ＡＩの登場で、「第四次産業革命」が起こるなんていわれますでしょ？　ＡＩの導入は、時代が変わる大きなターニングポイントになると思うんです。社会が変わるときというのは、何かに乗じていろんなことが一緒に変わりますけど、ＡＩは黒船のような存在じゃないかと密《ひそ》かに期待しています。

新たな環境に適応した「自分」になる

和田　変わるといいですし、変わってほしいですよね。例えば、先ほど言った「役割」を押しつけられて抵抗がない人たちは、企業戦士であれ、専業主婦であれ、押しつけられているのに、なぜか居心地がいいとか、それが当たり前の自分なんだと馴染んでしまっているんです。

若宮　そうですね。

和田　でも年を取ると、どんな実績を残した企業戦士であっても企業から追い出されちゃうし、どんなに良き母親であっても、いずれ子どもは親から離れていくわけです。そうすると、新たな環境に適応するために、「企業戦士でない俺」や「母ではない私」といった新しい自分にならなきゃいけない。それなのに、それができない人がすごく多い。

若宮　そうなんです。他にも例えば、お子さんが不登校になると、まず親のしつけが悪いなんて非難されるんですけど、私は不登校というのもひとつの出発点だと思うんですよね。そこから新しい世界を拓《ひら》いていけばいい。

和田　そうです。学校に行かずに、新たな環境でどうやって生きていくかを考えればいいわけですから。それこそ、もうオンラインの時代になっているわけです。テレワークも当たり前になりました。学校に行かずに卒業して、会社も行かずに家で仕事をする。出社は仮想空間のメタバースを使うということも技術的には可能になっていると思うんですよね。

若宮　日本は、革新的なアイデアで短期的に成長するスタートアップ企業やベンチャー企業が少ないといわれますけど、みんなが周囲と変わらないことに安心している中で、どうやって新しい産業なんて起きるんだろうって思うことがあるんです。

和田　その通りだと思います。だから若宮さんが「エクセルアート」を生み出したり、アプリを作ったりしたことで、多くの高齢者が勇気をもらったんです。「自由でいいんだ」「私にもできるかもしれない」と思うことができたはずですから。

若宮さんはある意味、これからの高齢者が目指すべき「ロールモデル（手本）」になりました。ですが、一方で「若宮さんって、すごい女性だなあ」で済ましてしまう人も多いんですね。そうならないようにしないといけません。

若宮　何もすごいことはないんですけどね。私はただ、「やりたいこと」をやり続けているだけですから。

和田　まさにそれです。年を取るということは、見方を変えれば、会社にも家庭にも縛られなくなるということです。もっというと、世間の目にもあまり縛られなくなるわけですよね。だから、「私はこれがしたい！」ともっと主張していいと思うんです。それなのに、いろんなことを我慢しなきゃいけない、という考えが染みついていて、自分で自分を不自由にしているんですよね。そのうち、「やりたいこと」もわからなくなってしまう。

若宮　そうですよね。誰も邪魔しないんだから、もっと自信を持って、楽しくやればいいと思います。

和田　そうなってほしいですね。

若宮　実際、講演会での反応も面白いんです。私はITとか、デジタルとのつきあい方の話をすることが多いのですが、メールで寄せられた感想を読むと、関係のない話が多いんです。「若宮さんのおかげでやりたいと思っていたスパゲティの店をオープンさせました」とか、「かねてから挑戦したかったフランス語の勉強を始めました」とか。どうやら、私の話は、みなさんの「やりたい気持ち」に火をつけているようなんです。それで充分だと私は思っていますが。

和田　そういう「やりたいこと」に突き進む高齢者が、これからどんどん増えるといいなあ。

若宮　そうですよね。何歳からでも、まだまだ人生は楽しめます。

労働時間が減ったあとの暮らし方

和田　「楽しむ」という観点でいうと、ＡＩ時代は、「楽しむ」ための時間が増えるという考え方もあります。ＡＩに仕事を任せていけば、８時間労働が１時間労働で済むかもしれないわけだし。このとき経営者にお願いしておきたいのは、「１時間で済むなら１時間分の給料しか出さない」というケチな了見じゃなくて、「同じ給料を払う」としてほしいんです。そしたら、自由になった７時間で消費活動をするわけでしょ。

若宮　デンマークでは、残業はせず定時退社する人が多いんですが、地域のクラブ活動が熱心で、みなさん、自分の時間をいきいきと楽しまれていましたね。

和田　いい試みですね。自由な時間が増えれば活動も活発になりますし、いろいろなアイデアも生まれてきますから。

実は日本はね、本来、従業員を大切にしてきた歴史があるんです。高度経済成長期に日本企業は躍進したわけですが、その理由は、いち早くロボット化に成功したからです。いまのデジタル化やAI化と理屈は同じですね。新しいものを取り入れた国や企業が発展するわけです。当時、ロボットを導入してどうなったかというと、従業員が残業しなくて済むようになった上に、生産性が上がったわけです。

若宮　いいことずくめですね。

和田　このとき失敗したのがアメリカです。アメリカの経営者たちは、ロボットによって生産性が上がったときに、人員を削減しました。ここが日本との大きな違いでした。つまり機械化が進むと、失業率が高まる。従業員はたまったもんじゃありません。労働組合はこぞって機械化に反対しました。結果、機械化も遅れます。あのとき、アメリカが凋落《ちょうらく》して、代わりに日本経済が浮上したのは、そういう理由があったんです。いま、日本はＡＩを導入するにあたってどうするか。岐路にあると思いますけどね。

異次元の少子化対策の勘違い

若宮　銀行員時代も思いましたけど、経営者は社員が朝から晩まで働くと満足しますからね。企業戦士の時代だったということもあるでしょうけど、昭和のサラリーマンたちは、仕事が早く終わっても喜ばないんです（笑）。何していいかわからないから。まだ飲みに行くには早すぎるし、さりとてしたいことはないし……。

和田　経営者の多くは、いまもそのときと同じ感覚なのかもしれませんね。でも、日本の労働力不足の現状を考えたら、ＡＩ化は待ったなしでしょうね。

若宮　私もそう思います。そして世の中はものすごい勢いで変わっていくでしょうね。高齢者は楽になりますし、若者も自由時間が増えますから。

和田　そういうことを国や経営者が考えていないのが、日本の大問題なんです。例えば、岸田総理大臣が「異次元の少子化対策」とか言い出しているわけですけど、まあ効果は薄いでしょう。仮にですよ、少子化対策が功を奏して、子どもが本当に増えたとしても、その人たちが労働力になるのは遠い先、20年後になるわけですから。

若宮　そうですね。

和田　ところが20年後は、AIやロボットがいま以上に発達、浸透しているでしょうから、逆に人間がやるべき仕事がないかもしれない。だから、いまの労働力不足を解消するのに少子化対策って、見当違いもいいところなんです。

それよりは、よっぽどAI化に力を入れたほうがいい。もうひとつは、高齢者対策です。高齢者を労働者にするということではなくて、高齢者にいま以上に元気になってもらって、活発に活動してもらえれば、経済も活性化します。

銭湯でコーヒー牛乳を飲む幸せ

若宮　時代はどんどん変わりますよね。私なんか、88年間、歴史絵巻みたいに見てきましたけど、本当に時代は変わっていきます。社会主義が崩壊したり、資本主義に限界がきたり……。たぶん、もうすぐまた大きく変わると思います。

和田　おそらく、そうですよね。だってＡＩの時代になって、実質、労働力が必要なくなったら、世の中が失業者だらけになる可能性もあるわけです。資本主義の次の社会を求めないといけないかもしれない。

若宮　そう思います。

和田　ですから、何が起こるかわからない社会なのだから、いまの常識にとらわれてばかりいないほうがいい、ということです。唯一、残るのは人間の主観なわけですから。

若宮　そうなんです。

和田　精神科医の立場からみると余計そうなんですけど、主観的に幸せかどうかとか、主観的に楽しいかどうかとか、そういう個人的な価値観が大事になってきます。というのは、主観的な感情は、ＡＩに代わってもらうことはできないですから。

若宮　そうそう。幸せの話でいうと、例えば、６畳一間のアパートに住んで母親と銭湯に行っていた頃の貧しい暮らしも、その方にとってはある意味、幸せだったと思うことがあります。

和田　あの頃のね。銭湯は本当にいい文化だったと思います。私も祖母に連れられてよく行きました。祖母はずっと貧乏でしたけど、みんなに声をかけられて友人に囲まれて生きていて。

若宮　その頃の暮らしも笑顔が絶えなかったでしょう？

和田　祖母と一緒に銭湯に行って、そこでコーヒー牛乳を飲むのがすごく幸せでした。ですから、高齢者がさらに増えてきたら、また銭湯を復活させようと考えてもいいと思う。だって、家の風呂で何らかの理由で死ぬ人が年間2万人近くいるという調査結果だってあるわけだから。

若宮　銭湯だけじゃなく、これからは電気代も大変なわけですから、公民館みたいなところに集まっておしゃべりするだけでもいいと思います。

和田　井戸端会議とか、他愛のない会話でいいんですよね。

死ぬときは他人に迷惑をかけていい

若宮　超高齢社会というものに対して、いつも不満に思うのは、新聞でもテレビのニュースでも暗い話題ばかりです。未来への明るい展望の話題を全然扱おうとしない。だからどこかで高齢者はますます、あんまり長生きするのも考えものだなと、遠慮するようになるんです。でもAIの時代になれば、高齢者は生きやすくなりますし、もっと楽しくなるはずなんです。

和田　その通りですね。

若宮　でも誰も高齢者に向かって、そんなことは言いません。ネットやスマホもそうです。「使うと楽しいよ」とは、あまり伝えないんです。「こうすると危険だ」とか「これはやっちゃいけない」とか、転ばぬ先の杖のつもりかもしれませんが、脅《おど》すことばかり。高齢者が尻込みしてしまう理由のひとつです。

和田　日本人得意の「禁止」攻撃ですね。

若宮　もうひとつ、高齢者にとっての大問題は、「死に方」です。自分が長生きをすると、みんなに迷惑をかけると、どこかで思っているんです。だから口を開けば、誰にも迷惑をかけないで死にたいと言う。

和田　でも実際にそれは不可能です。人間というのはそもそも不完全な生き物で、生まれてから数年間は誰かの庇護下《ひごか》にいないと生きられません。

若宮　そうなんです。生まれるときもそうですけど、死ぬときもそうですよね？　だって自分で棺桶《かんおけ》を買っておいて、自分で入って、自分で霊柩車《れいきゅうしゃ》を運転して火葬場に行った人は誰もいないんですから。絶対に、死ぬときも死んだあとも、誰かのお世話になるんです。人間はそういう生き物なんだからしょうがない、というふうに考えたいものです。

だけどその代わり、どんなことでもいいから、生きているうちに少しでも人の役に立つこともしておけば、死ぬときくらいはまた他人のお世話になってもいいんじゃないかしら、と周囲には言っているんです。

和田　おっしゃる通りですね。「困ったときはお互いさま」とか、「情けは人のためならず」という言葉があることからもわかるように、互いに迷惑をかけたり、かけられたり、というのが通常の社会のあり方だと思うんです。日本の制度、国民皆保険とか、介護制度とか、生活保護のようなものも「お互いさま」の気持ちで支え合うものですから。

例えば介護保険なら介護保険の世話にならなくて済む人もいれば、早くそれを受けることになる人もいるわけだけど、ずっと元気でいられる人は損したと思う必要はないし、元気でいられて幸せだと思えばいい。

早く保険を受けることになった人が、迷惑をかけていると思う必要もない。みんなで助け合うのが成熟した社会の姿じゃないですか。

若宮　そうですよね。

「したい！」気持ちを先送りしない

和田　私はね、これからの日本の救世主は高齢者だと思っているんです。実はこの「30年不況」といわれている状況は、生産性が足りない不景気ではなくて、慢性的な消費不足なんですね。だから日本は30年も成長しなかった代わりに、30年物価が上がらなかった国でもある。別の言い方をすれば、「豊作貧乏」だったわけです。物は余って、売れなかったわけですから。豊作貧乏なのに、なおも生産性を上げろというのも本当はおかしな話なんですよ。必要なのは消費です。

若宮　お金と時間を持て余した高齢者の出番ですね（笑）。

和田　その通りです。高齢者は労働力としてではなく、消費者であることが、いちばん社会にとってありがたいんです。やりたいことをやって、行きたいところに行って、食べたいものを食べる。

若宮　嬉しい話です。私は自分の中で「したい！」という気持ちがわいたとき、その気持ちを先送りしないようにしています。全国各地で年間１００本近い講演をして回っているのも、「したいことをしていいのよ」というメッセージを伝えたいだけかもしれません。「したいこと」を実現する手段として、ＩＴやデジタル技術、このあとはＡＩも出てきて、やりやすくなりますよ、という話なんです。

和田　高齢者の一番のメリットは、時間があること。他の世代に比べて、お金にゆとりのある人も少なくありません。

　若宮さんのように、いまのこの時間をもっともっと大いに楽しもうとする高齢者が増えると、日本はどんどん元気になっていくと思います。

特別講

マーチャンが高齢者に伝えたい「デジタル活用」13のポイント

改めまして、若宮正子です。

みなさんはスマホやパソコン、タブレットなどのデジタル機器を、どれくらい日々の暮らしに活用していますか?

持っていない人、持っているけどあまり使っていない人もいるでしょう。対談の中でも述べましたが、デジタル技術やIT、AIは驚くべきスピードで進化しています。

仕事の第一線から退いた高齢者には無関係と考える人がいてもおかしくありません。

でも、専門的な知識を身につける必要はありませんが、日々を楽しく、より豊かに暮らすためにも、こうした〝道具〟を活用しない手はありません。

高齢者こそ「デジタル」の恩恵で快適に過ごせる

テクノロジーの進化というのは、「わからない」「使いにくい」というほうへばかり進むわけではなく、高齢者にとっても「わかりやすい」「使いやすい」方向へと進んでいます。

例えば、文字を打ち込まなくても、話しかけるだけで何かを調べ、家電を動かしてくれる時代になりました。私も有効活用しています。

使い勝手は飛躍的に向上していますから、なんとなく難しそうだからという理由だけで避けてしまっては、本当にもったいないことです。

和田先生もおっしゃっていましたが、デジタルの恩恵を受けて便利に過ごせるのは、若者よりもむしろ高齢者のほうです。賢く〝道具〟を使えば、どんどん快適になります。

私が五里霧中でパソコンを使い始めた頃は、わからないことだらけ。最初は失敗続きでした。でも、めげずに触っているうちに慣れて、できることが増えました。そうしているうちに、「世界最高齢プログラマー」になっていたのです。

デジタル機器は簡単に壊れません。

失敗したらリセットすればいいだけです。いい加減にいじっているうちに、できることがどんどん増えていきますよ。

では高齢者は日々の暮らしに、どのように活用していくべきでしょうか。

まずは誰もが身につけてほしい「基本的な活用術」を紹介します。

その上で、ご自身のライフスタイルに合わせて少しずつ知見を深め、もっと有効活用してほしいのです。

さあ、一緒に〝デジタルのある人生〟を楽しみましょう!

活用術01 繋がる

嫌なことも楽しいこともみんなで共有

私はネットのシニア向け情報共有サイト「メロウ倶楽部」で、日々、会員のみなさんと交流しています。昔から「マーチャン」というハンドルネームで活動しているのですが、ネットでみんなと繋がっていることが、いまの私の大きな支えになっています。

母を亡くしてから、何年もひとり暮らしを続けています。周囲から「寂しいんじゃないか」「不安はないの?」と言われることもありますが、心配ありません。「メロウ倶楽部」をはじめ、ネット上にたくさんの友人がいるからです。

嫌なことも楽しいこともみんなで共有して声をかけあえば、勇気も喜びも100倍。ひとり暮らしでも寂しさを感じることはありません。

ネットを使えば、同好の仲間を見つけるのも簡単です。例えば「メロウ倶楽部」では「オンライン句会」を開催しています。実際の句会に入るのは簡単じゃないし、仲間を探して立ち上げるのも大変です。ですが、ネットの句会ならば、いつでもどこでも、仲間と句会が楽しめます。Ｚｏｏｍ（ズーム）などのビデオ会議システムのようなアプリを使えば、顔出しでの交流会も楽しめます。

スマホを使う人は、ＬＩＮＥが便利です。いわゆるメッセージアプリです。仲間同士であらかじめ繋がっておけば、グループ内でメッセージのやりとりや音声通話が手っ取り早く楽しめます。写真や映像を送り合うこともできますので、思い出を共有することができます。ＬＩＮＥを使ってＳＮＳの使い勝手がわかってきたら、次のステップとしてＦａｃｅｂｏｏｋ（フェイスブック）やＩｎｓｔａｇｒａｍ（インスタグラム）といった人気のＳＮＳを本格的に始めてもいいでしょう。

ＳＮＳは「知らない人」と繋がってしまったり、〝炎上〟したりする場合もあるので、慣れるまでは仲間内のコミュニティでやりとりするようにしましょう。「メロウ倶楽部」もぜひ一度、のぞいてみてくださいね。

高齢者のための活用術 01　繋がる

●オンライン句会

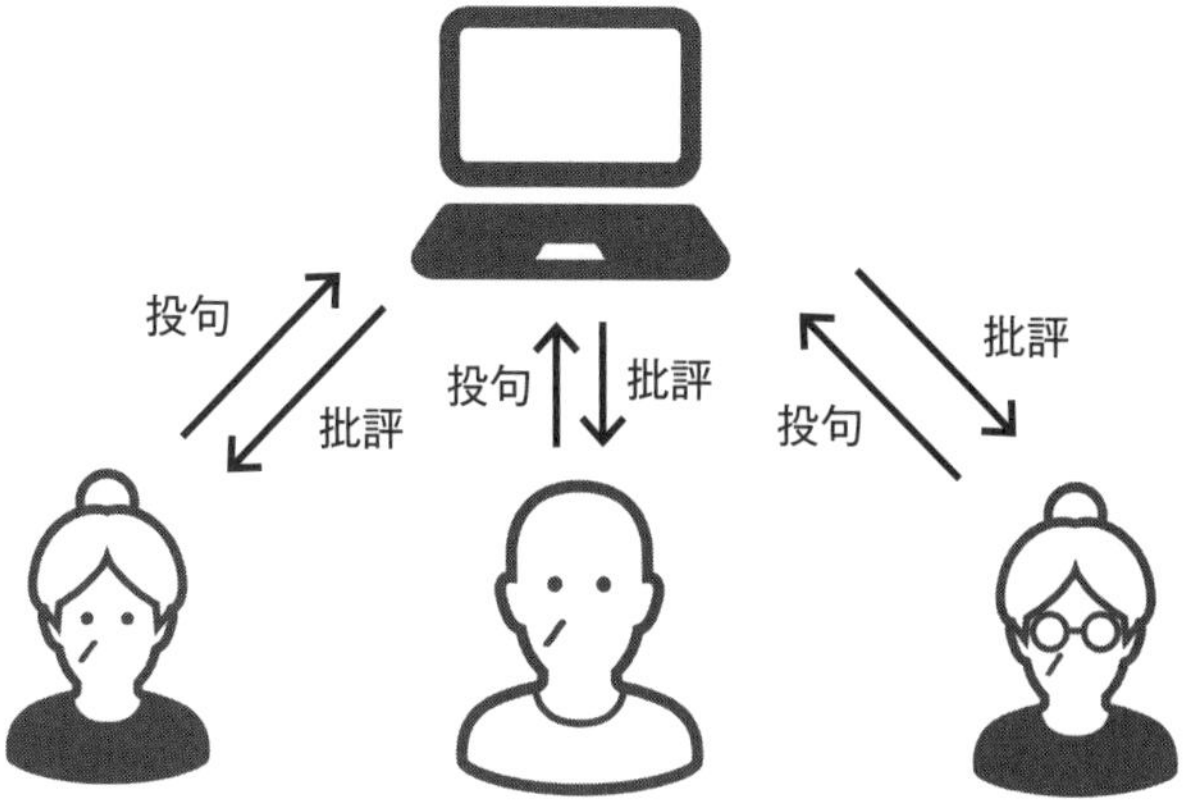

●メッセージアプリ

活用術02

調べる

知らないことはなんでも教えてくれる

高齢になると、どうしても物覚えが悪くなるし、物忘れも増えてきます。私だって、例外じゃありません。でもそのことで、くよくよしたり、不安になったりすることはありません。なぜなら、忘れたことに限らず、初耳の知らないことも、スマホやパソコンを使えばなんでも瞬時に調べることができるからです。

例えば世間で、「ググる」なんていわれますけれど、「Ｇｏｏｇｌｅ（グーグル）」という検索サイトで、何かを探したり、調べたりすることです。中には間違った情報も出てきますが、いろいろな情報を比較検討すれば、何が正しいのかの判断は概ねできます。たいていのことは、それで事足ります。

またスマホなどの小さな画面に「文字を入れる」のが煩わしい人は、「マイク」（グーグルアシスタント）のマークを指でタッチすれば、音声入力もできます。マイクを押して、「明日の○○市の天気」と話しかければ、天気だけでなく、気温なども音声で答えてくれます。多くの場合、マイクのマークの隣に、「カメラ」のマークもあります。これは「グーグルレンズ」といって、調べたいものを「グーグルレンズ」のカメラで撮影すると、いろいろな情報を教えてくれます。草花の名前や食べ物の名前を調べるのに便利ですよ。

生成ＡＩも「調べごと」に使えます。対談で話題になった「チャットＧＰＴ」が有名ですよね。ほかにもグーグルの「Ｂａｒｄ（バード）」やＭｉｃｒｏｓｏｆｔ（マイクロソフト）の「Ｂｉｎｇ（ビング）」などの生成ＡＩサービスが広がっています。使い方は本当に簡単。「チャットＧＰＴ」や「Ｂａｒｄ」のサイトやアプリを開き、そこに聞きたいことを書き込むだけです。もちろん音声入力にも対応していて、まるで会話しているかのように重ねて質問ができます。

例えば「夏目漱石の『こころ』の感想文を書いてください」と入れれば、ちゃんとした作文を書いてくれます。気軽に遊んでみてください。面白いですよ！

高齢者のための活用術 02 調べる

●キーワードで検索

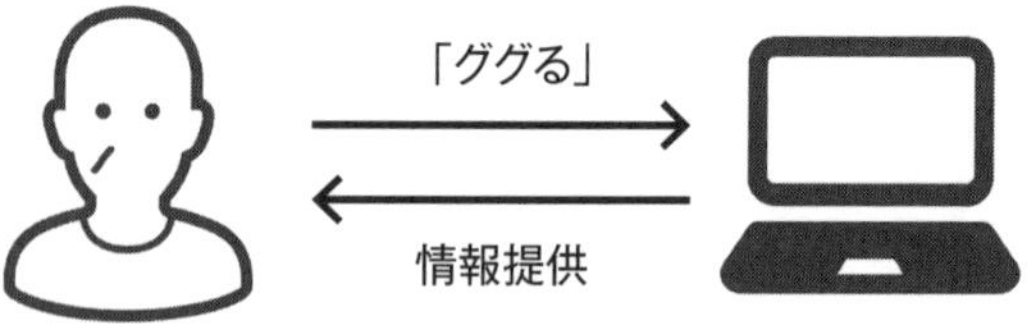

●写真から検索

活用術03 買う

品揃え豊富なネットショッピングで割安に

対談の中で「焼き芋」の話をしましたが、欲しい物や必要な物が近所の店で買えないことが増えました。物を売る店舗が郊外の大型ショッピングセンターに集中したり、ネット通販が浸透したりという社会情勢の変化には抗えません。嗜好品《しこうひん》ならともかく、食品や日用品まで手に入らないのだから、移動手段の乏しい高齢者は困ってしまいますよね。

私の自宅は首都圏のターミナル駅近くにあり、百貨店や大型スーパーや量販店もありますが、それでも「欲しい物」が見つからないことはよくあります。でも、そんなとき私は何軒もお店を探し回ることはしません。ネットで買えば事足りるし、値段も割安なことが多いからです。

ネットショッピングの代表的なサイトは、Ａｍａｚｏｎです。探し物が見つかるだけでなく、類似商品がこれでもかと出てきますので、商品探しが楽しくなりますよ。ペットボトル飲料など、重い荷物も自宅まで届けてくれるので安心です。

何かの予約も、電話よりネットを使うほうが便利です。例えば病院や美容院、飲食店の予約は、電話だと相手に伝えることが多いし、相手の受け答えがまどろっこしいこともありますが、オンライン予約なら簡単な操作で終わります。

私がよく予約して買うのは新幹線や飛行機などの「交通チケット」です。あらかじめネットで買っておけば、スマホひとつで乗車でき、紙のチケットも不要です。ホテルや旅館の予約も、ネット予約のほうが割安なことが多いですよ。

買うだけでなく、売ることにもネットは活用できます。例えば、フリーマーケットアプリの「メルカリ」。スマホにアプリをダウンロードし、売りたい物の写真をスマホで撮って登録。基本的にはこれだけでネット上のフリーマーケットに出品できます。そろそろ身辺整理を考えている人は、ただ捨てるよりもネットを使って売る方が何かとメリットが多いので、はかどると思いますよ。

高齢者のための活用術03　買う

●ネットショッピング

●チケット・宿泊

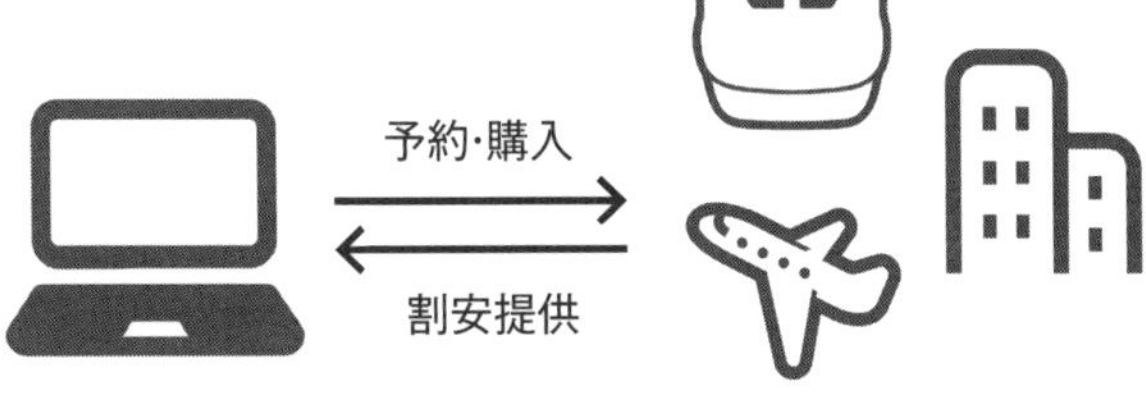

活用術04

支払う

煩わしい小銭のやりとりから解放される

私はもともと指先が器用じゃないので、財布から小銭を取り出すのが難儀でした。レジで後ろに人が並んでいると、「もたもたして迷惑かけてないかしら?」とつい気にかけてしまうこともありました。

また、小銭を数えるのが面倒になってしまい、自宅に小銭がいっぱい溜まっているると嘆く友人がいます。以前なら、溜まった小銭は定期的に銀行に持っていって、預金すればいいだけでした。ところが、いまは小銭を預けるのにも手数料がかかります。例えば、ゆうちょ銀行の窓口の場合、51枚以上預けると550円、501枚以上だと1100円かかります。利子もほとんどつかず、最初からマイナスになってしまうのもなんだかバカらしいですよね。

クレジットカードをお持ちの方は多いでしょうが、小銭の支払いにカード利用は気が引けますので、思い切って「スマホ決済」デビューはいかがでしょうか。

スマホ決済には、「ＰａｙＰａｙ（ペイペイ）」や「ＬＩＮＥ Ｐａｙ（ラインペイ）」などたくさんの種類があります。よく行くお店で、何が使えるかを確認してから、アプリをダウンロードするといいでしょう。

スマホ決済を使えば、小銭のやりとりから解放されるだけでなく、ポイントやキャッシュバックなどのお得な制度もたくさん用意されています。

スマホ決済の最終的な決済方法は、大まかにいうと次の２通りです。

①銀行口座あるいはクレジットカードと連携した「引き落とし方式」
②入金した分だけ使用できる「チャージ方式」

引き落とし方式の利点は、チャージの残金不足で慌てる心配がないことです。ただし、「ついつい使いすぎちゃう」とか「スマホをなくしたときに不正使用されるのでは？」というような不安が尽きない人は、まずは「チャージ方式」から始めてみてはいかがでしょうか。

高齢者のための活用術04　支払う

●スマホ決済と現金払い

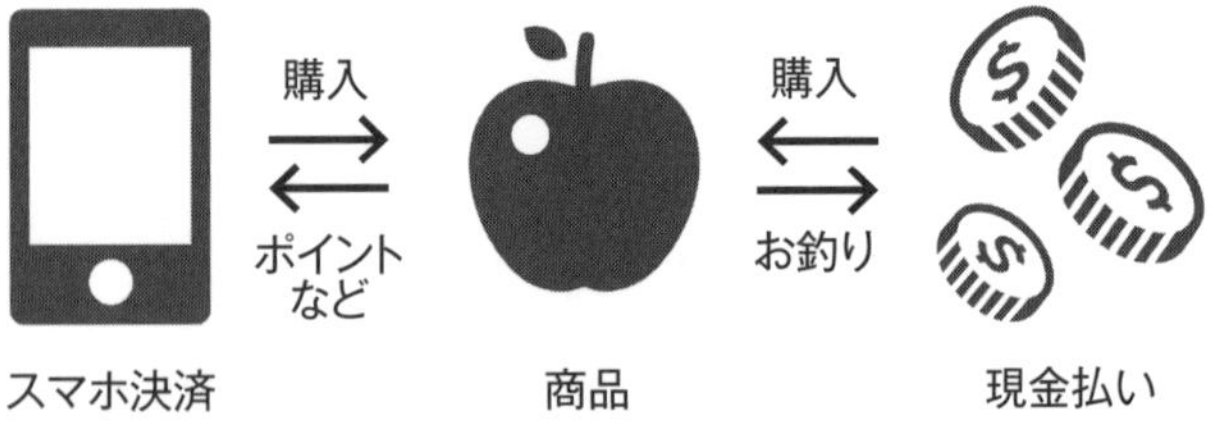

●スマホ決済方法（チャージ方式と引き落とし方式）

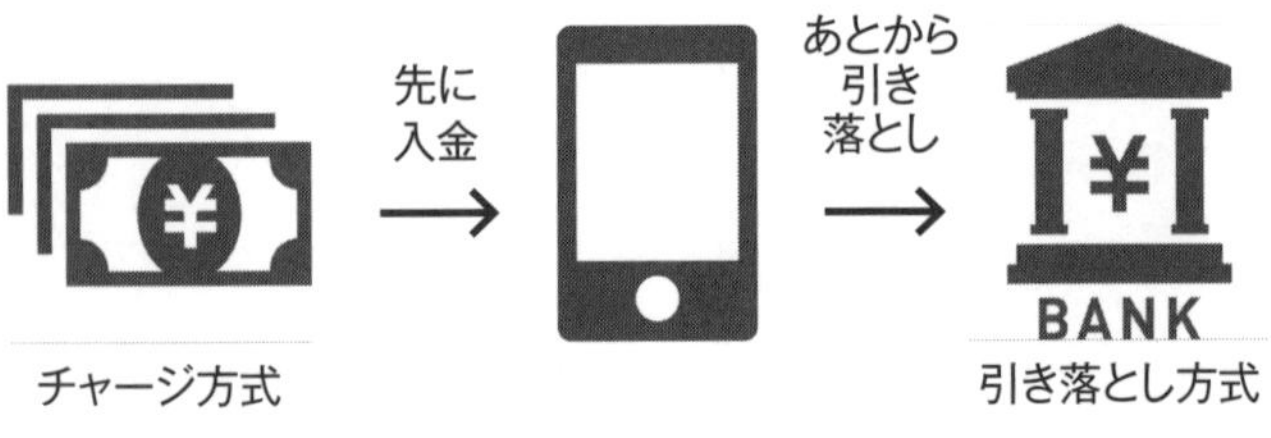

活用術05 記録する

思い出の写真や動画をデータで残す

記録と聞くと、写真や動画を撮ったり、新たに得た知識や情報を残したりすることだけのように思うかもしれません。でも、過去の思い出を末長く保存することも大事な記録作業のひとつです。写真や動画撮影だけでなく、この分野においてもデジタルは存分に力を発揮してくれます。

私が最近、力を入れているのは、紙焼きした写真の「デジタル保存」です。デジタルカメラやスマホのなかった時代に撮った紙焼きの写真が、アルバムの中にたくさん残っていませんか？　東日本大震災では、大切なアルバムが流されてしまうという悲しい出来事もありました。また、紙焼きした写真というものは、アルバムで大切に保存しているつもりでもだんだん劣化していきます。

そこで私は、思い入れのある大切な写真を、デジタルデータ化して保存することにしました。データ化すれば、アルバムのように場所を取ることもありませんし、パソコンの中にフォルダを作って、手早く整理することもできます。メールやSNSを使って、家族や友人と共有するのも簡単です。

紙焼きの写真をデジタルデータとして取り込む必要はありますが、私はプリンターについているスキャナー機能を利用しています。他にも、スマホのアプリ（Googleのフォトスキャンなど）を使ったり、コンビニにある複合コピー機を利用したり、専門店に依頼したりなど、たくさんの方法があります。

写真を整理・デジタル化する過程で、思いも寄らなかった記憶が、昨日のことのように蘇《よみがえ》ってくることも刺激になります。

もちろん、「いま」を記録するのも、デジタルは優れています。写真や動画の撮影は、一眼レフのデジカメやビデオカメラを買わなくても、最近のスマホはAIがサポートしてくれますので、驚くほどきれいに撮れます。

慣れてきたら、編集や加工アプリを使うことにも挑戦したいものですね。

高齢者のための活用術05　記録する

●デジタル保存

●写真や動画の撮影

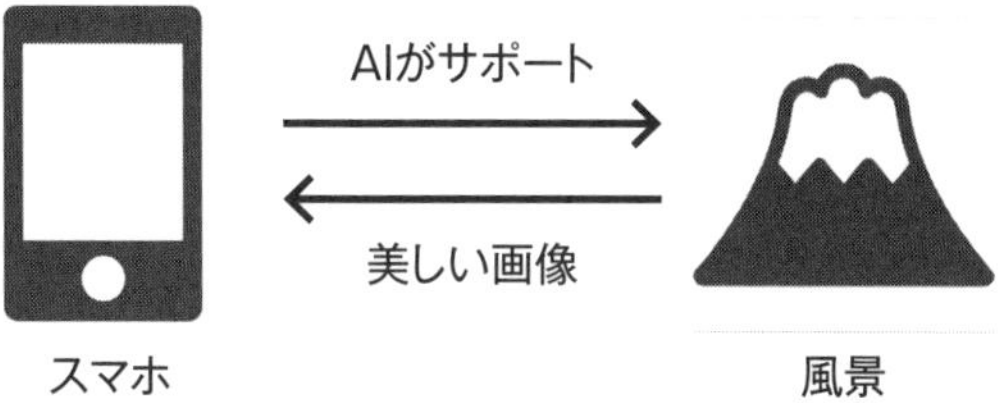

活用術06

表現する

お手軽に楽器や絵画などの趣味を始める

この本の帯に掲載されている写真で、私が着ている個性的な柄のシャツにお気づきの方もいらっしゃると思います。正真正銘、世界で1枚だけの私のオリジナルシャツです。

私はファッションデザイナーでもありませんし、デザインの勉強をしたこともありません。でも、「エクセル」という表計算のソフトを触っているうちに、「エクセルアート」を思いつき、独自にいろいろな柄や模様を生み出しました。

もともと「エクセルで家計簿をつけるだけではつまらない」と思ったことがきっかけです。手芸のような感覚で、セル（エクセルのマス目）をいろんな色で埋めていったら、思いも寄らない柄が誕生しました。

マニュアルや教科書に従わず、「こうやったら面白いかも！」と遊びながら使った結果が、エクセルアートなのです。先に紹介した通り、世界的な評価もいただけました。いまではエクセルアートで新しい図案を考えることが、私の生き甲斐《がい》のひとつになっています。手軽にデザインしたエクセルアートをプリントしたオリジナルのシャツを着て出歩くと、ますます気分も高揚します。

エクセルを使うだけでなく、スマホやパソコン、タブレットを使えば、絵を描いたり、音を奏でたりといったアートや自己表現も手軽にできます。

私は先日、琴の演奏に挑戦しました。もちろん本物の琴ではありません。タブレットの「楽器アプリ」の中にあった琴を弾いてみたのです。

楽器や油絵などの道具を買うのは大変だし、場所も取りますが、デジタルならこれらのアートも簡単に挑戦できるのです。趣味として楽器や絵画を始めようかと考えている人も、まずはデジタルから始めてみてはいかがでしょうか。

また、絵を描くことや楽器は認知症予防にも効果的だと聞きます。手先を使いますし、頭の体操のつもりでやってみるのも悪くないと思いますよ。

高齢者のための活用術06 表現する

●洋服の柄（エクセルアート）

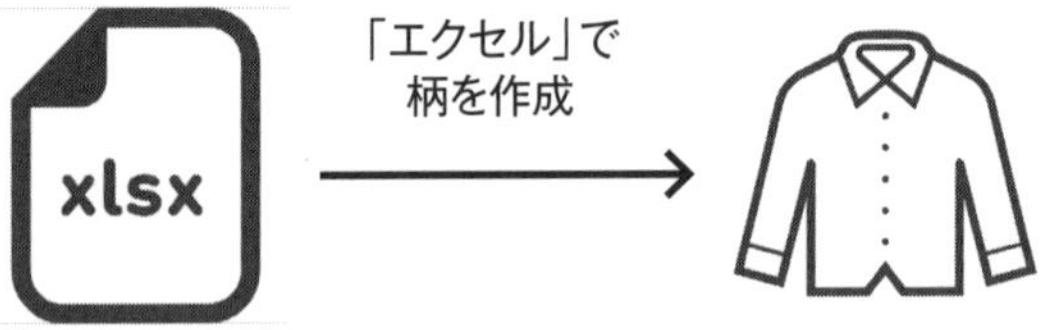

●楽器の演奏や絵画

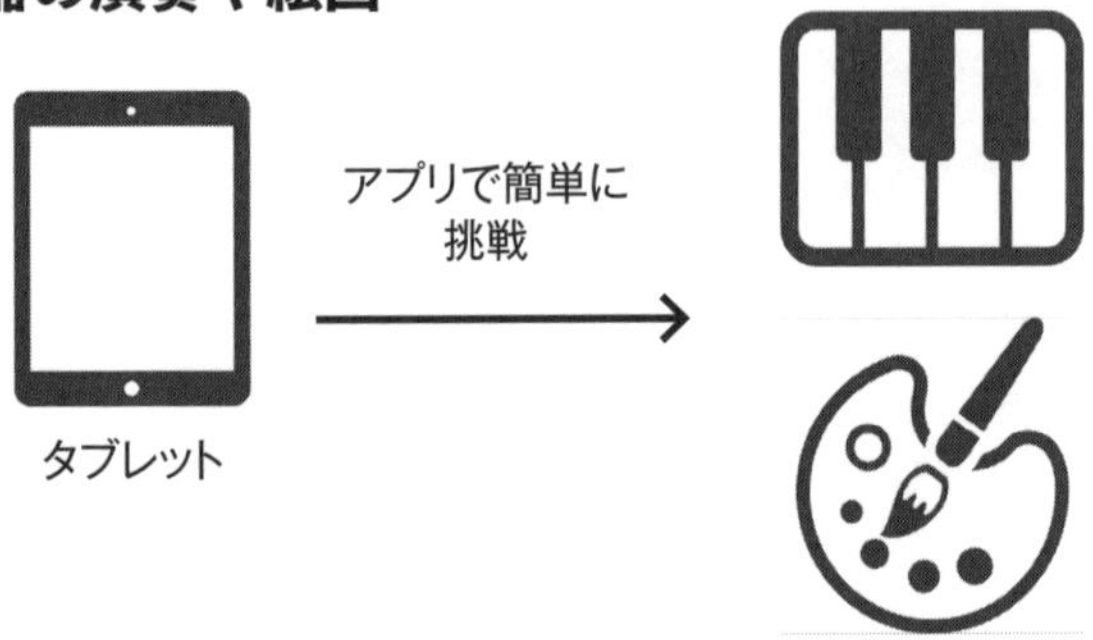

活用術07 貯める

ネットバンキングで楽々マネー生活

最近は、銀行の支店の統廃合が進み、合理化や経費削減のため、ATMの設置も減ってきました。都心に通勤することがない高齢者の中には、わざわざお金を預けたり、引き出したりするためだけに、電車やバスに乗って都心に行かざるを得ない人が増えているとも聞きます。

銀行やATMが行列していて、待たされることも少なくありません。コンビニのATMを使う手もありますが、手数料が割高になることもあります。

ですから、これからの時代は、高齢者もネットバンキングを活用するほうが何かと便利でお得です。ネットバンキングとは、銀行の窓口やATMに行かなくても、口座残高や入出金明細の照会、振込、定期預金の解約などがネット上でできるサービスのことです。

いまではほとんどの銀行が専用のネットバンクを用意していて、スマホにも銀行ごとのアプリがあります。まずは、口座を持っている銀行で、ネットバンキングを始めてみてはいかがでしょうか。最近のアプリは使い方も簡単ですし、コールセンターも用意されていますので、電話で聞きながらの操作も可能です。最初のうちは残高照会や取引明細の確認だけでもやってみましょう。

慣れてきたら、いよいよ振込です。実は、ネットバンキングと実際の店舗では、振込手数料が全然違います。銀行によって料金の設定は違いますが、他行宛の振込の場合、振込金額に応じて、窓口を利用すると600〜900円ほどの手数料がかかります。ATMだと300〜600円ほどです。これがネットバンキングになると、0〜300円ほどと割安になっています。

また、窓口に行くよりもATMを使うよりも、ネットバンキングでやったほうがスピーディであることは間違いありません。セキュリティ面については、銀行側でさまざまな安全対策を用意していますので、心配しすぎる必要もありません。

高齢者のための活用術 07　貯める

●ネットバンキングと店舗利用

●振込手数料の比較

活用術08 守る

災害時の緊急情報や健康管理もデジタル化

ここまでは、楽をしたり、得したり、楽しんだり、という観点で、活用術を紹介してきましたが、デジタル機器はいざというときにも大きな力を発揮します。

例えば、大規模災害の恐れがあるとき、みなさんの地域では、どんな方法で緊急連絡がきますか？　防災無線かもしれませんし、地域の方が声をかけに来てくれるのかもしれません。ですが、防災無線は音が聞こえにくく、誰かが呼びに来てくれるのを待っていたら避難が間に合わない場合もあります。

私が住む自治体では、数年前からＬＩＮＥによる避難情報の配信を行っています。また、携帯電話会社各社は、「緊急地震速報」「津波警報」「災害・避難情報」などの緊急連絡サービスを提供しています。つまり、手元にスマホがあれば、避難すべきかどうか、どう避難するか、どこへ避難するか、という情報がいち早くわかるのです。スマホは私たちの命を守る存在にもなっているんですね。

これらは緊急時の例ですが、スマホには他にも高齢者を守る機能がたくさんあります。例えば、「位置情報」をオンにすると、自分がいまどこにいるのか、スマホ内の地図アプリで知ることができます。ＬＩＮＥなどの機能を使えば、自分の位置情報を相手に知らせることができます。災害時にも使えますし、道に迷っても冷静に対処できます。

健康管理もスマホを使うと便利です。いろいろな専用アプリがありますので、ここに数値を入れておけば、体調の変化が容易に把握できます。

さらに私は「スマートウォッチ」といって、腕時計型の電子端末を身につけています。これで心電図を取ると、自動でデータがスマホのアプリに送られるため、万が一、発作などを起こして受診する際も、記録したデータなどを見せることで、より適切な医療が受けられます。他にも心拍数や睡眠時間、血中酸素濃度なども測れますので、日頃の健康管理に役立てています。

高齢者のための活用術08　守る

●災害時の緊急連絡

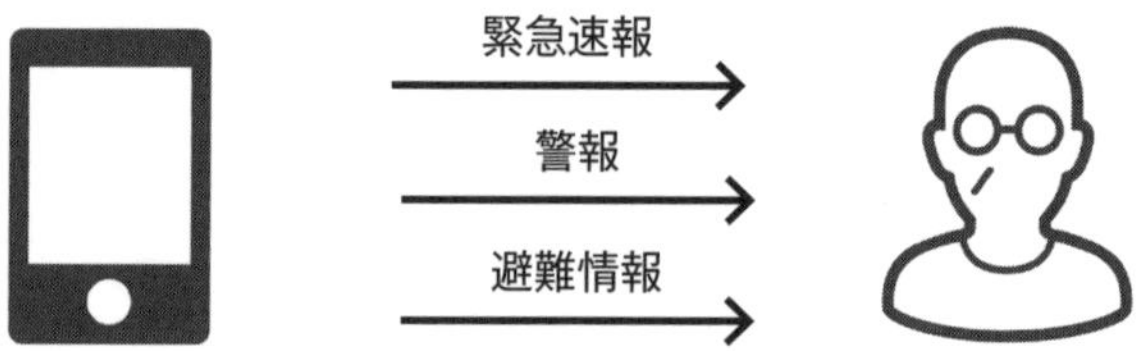

●健康管理

活用術09

補う

耳や体、目の機能を補完するパートナー

私は2023年の春に米寿を迎えました。おかげさまで心も体も元気で、全国を飛び回って講演活動を続けています。でもガタがきている部分もあります。

一番は、耳。少し聞こえが悪くなり、補聴器を着けるようになりました。でも最近は、補聴器も進化していて、小型でお洒落なものが増えてきました。音をデジタル信号に変換して、聞き取りやすく調節してくれる「デジタル補聴器」も登場しました。まだ補聴器を着けるほどではないという人には、「ワイヤレスイヤホン型の集音器」というのもあります。雑踏の中の会話が聞こえやすくなるというだけでなく、動画や音楽を楽しむときにも使えます。

ついつい、テレビの音を大きくしてしまうのも高齢者にはよくあることですが、「ミライスピーカー」という最新のスピーカーは、テレビの音を聞こえやすい音

に変換してくれます。銀行のロビーや空港などでも採用されているそうです。「声」でいろいろ動かせるのも、デジタル技術が発展したおかげですね。私は「AIスピーカー」を愛用していて、大概のことはAIスピーカーに聞きます。スマホに入力したスケジュールがAIスピーカーと共有されているので、「今日の予定は?」と声を出すと、AIスピーカーが教えてくれるのです。夕飯のメニューに迷ったときは、冷蔵庫の中の食材を調べて「○○のレシピを教えて」と聞けば、スラスラ答えてくれます。

リビングの照明のオンオフ、お掃除ロボットの操作、エアコンの運転開始や温度設定も、AIスピーカーにお願いしています。疲れているときは、こんな操作を代行してくれるだけでも、本当に体が楽になりますよ。

目の機能でいえば、視覚障害などを補う電子メガネなどもあります。デジタルは、高齢者の自立の手助けをしてくれる〝頼りがいあるパートナー〟ですね。

高齢者のための活用術09　補う

●耳や目の機能を補う

●家電などを操作

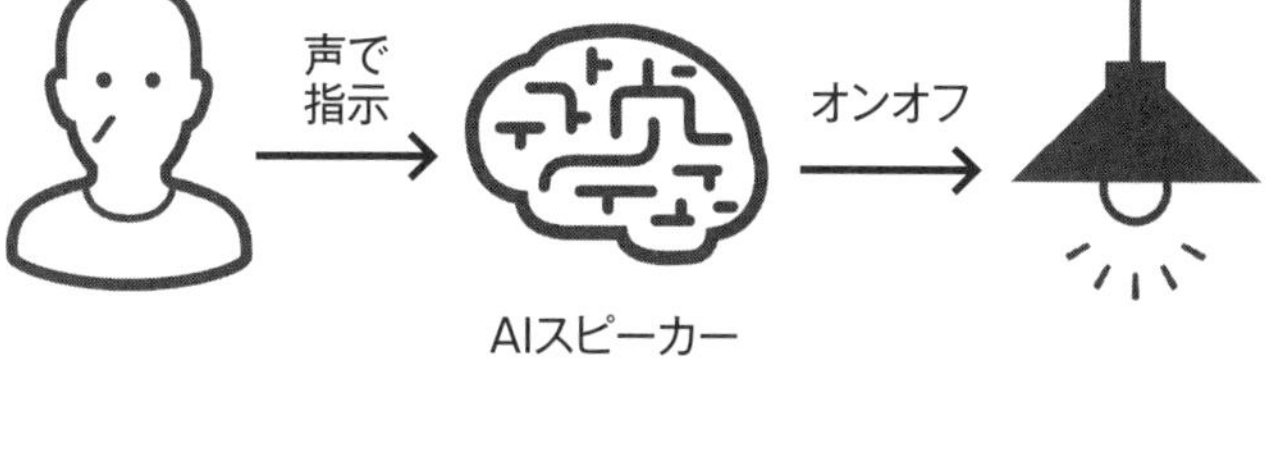

活用術10

社会貢献

気軽にできる夢や目標の金銭的サポート

先の対談の中で、「死ぬときくらいは他人に世話になってもいい。そのためにも生きているうちに少しでも人の役に立ちたい」という話をしました。和田先生がおっしゃるように、高齢者は元気にいきいきと暮らし、消費行動をするだけでも充分だと言えますが、余裕のある方はボランティアや地域の奉仕活動にも参加したいものです。忙しい方や体力がない方は、クラウドファンディングを活用して若い人たちを支援するのも、大きな社会貢献になると思います。

クラウドファンディングは、新商品開発や社会貢献事業など、「アイデアはあるけど資金が足りない」という企業や個人が、ネットを通じて広く資金を募る仕組みです。次世代を担う若者が多く活用しています。

井上美奈さんという友人がいるのですが、知り合った当時は小学5年生でした。

「世界最先端のＩＴ教育を知りたい！」とエストニアへの渡航を希望したのですが、資金が足りない。そこでクラウドファンディングを利用して、最終的に目標金額の40万円を集め、２０１９年に私と一緒にエストニアを訪問しました。

ネットは、世界中に通じていますので、魅力的なプランであれば、共感者や賛同者が飛躍的に増えます。デジタル時代、ＩＴ時代の新しいお金の集め方ですね。

私たちが「賛同者」として資金提供する方法では、「購入型」と「寄付型」があります。購入型は、金額に応じて商品やサービスが受け取れます。寄付型は文字通り、寄付と同じです。

私たち高齢者は、夢ややりたいことがあっても、年齢的にも体力的にも、なかなか起業するというわけにもまいりません。ですが、若者の夢や地域の活性化を応援することはできます。ささやかな善意によって、新たな製品やサービスが生み出されたり、社会が便利になったり、若者の夢が叶《かな》ったりするのであれば、何かワクワクしますよね。気軽に関わってみると、いい刺激をもらえますよ。

高齢者のための活用術10　社会貢献

●クラウドファンディング

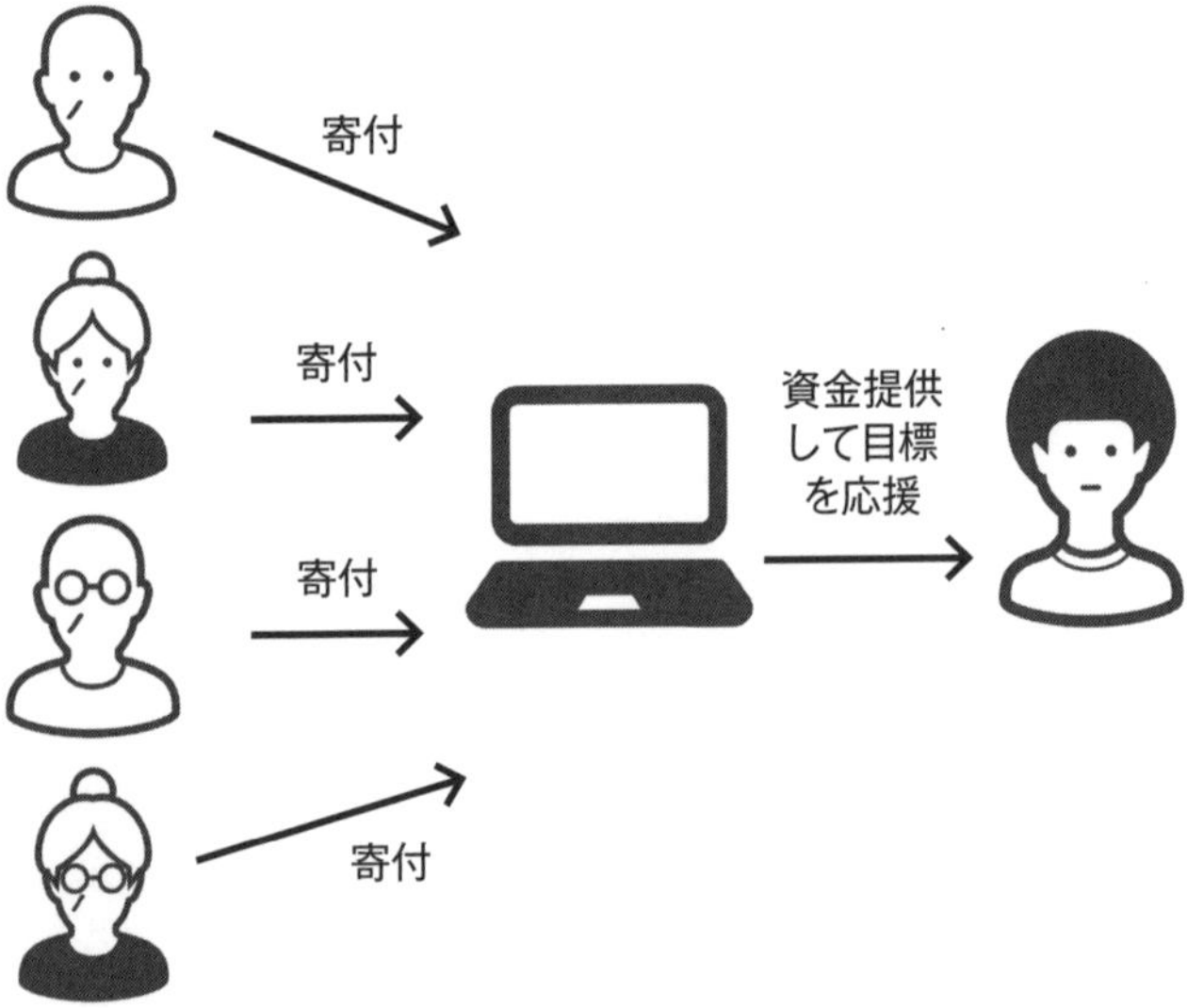

注意点01 パスワード

総務省の指針を参考に使い回しもしない

スマホやパソコン、タブレットを活用するためには、ネットに繋げる必要があります。そのためにはＩＤとパスワードが欠かせません。これをしっかり管理するのが、ネットを安全、安心して使うためにも重要です。銀行でたとえるなら、ＩＤは口座番号。パスワードは、キャッシュカードの暗証番号です。暗証番号は絶対に他人には教えませんよね？　ネットを活用するときも、同じくらい注意を払いましょう。総務省のホームページでは、「危険なパスワードの設定」について、次のように紹介しています。

①自分や家族の名前、ペットの名前
②辞書に載っているような一般的な英単語ひとつだけ
③同じ文字の繰り返しやわかりやすい並びの文字列

④短すぎる文字列

まとめると、自分の名前や生年月日、住んでいる場所などはもちろん、他人が想像しやすいパスワードにしない、ということです。「12345678」など、数字の規則的な羅列も危ないですね。家族の誕生日や名前、ペットの名前も意外とバレてしまうようです。

もうひとつ大事なことは、パスワードを使い回さないこと。面倒でも、別々のパスワードを用意しましょう。でも、なかなか覚えていられないですよね？ですから私は、パスワードを記入する専用ノートを用意し、手書きで鍵のかかる場所などに保管しています。こういう部分はアナログのほうが拡散するリスクは少ないですから。

個人情報を盗み取られて困るのは、自分だけではありません。そこに登録されていた他人の情報も盗まれ、知り合いに迷惑をかける可能性もあります。周囲の人の安全、安心を守るためにも、正しくパスワードを管理したいですね。

高齢者のための注意点 01　パスワード

●パスワード設定のNG

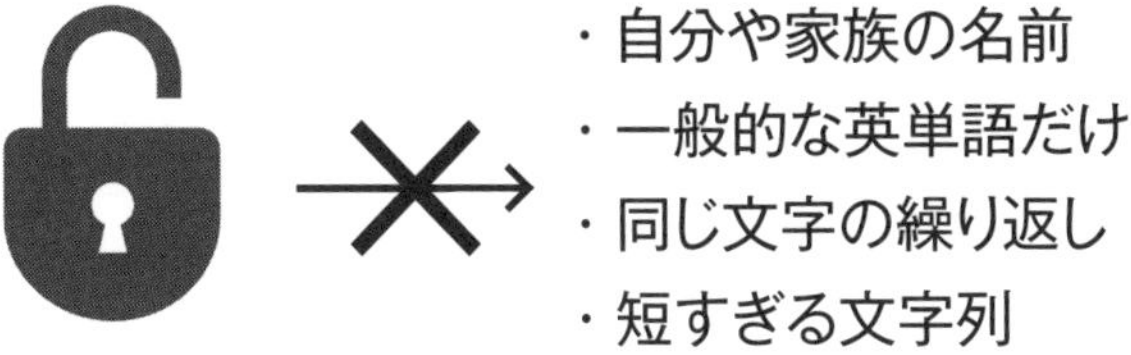
・自分や家族の名前
・一般的な英単語だけ
・同じ文字の繰り返し
・短すぎる文字列

●覚えられないときは……

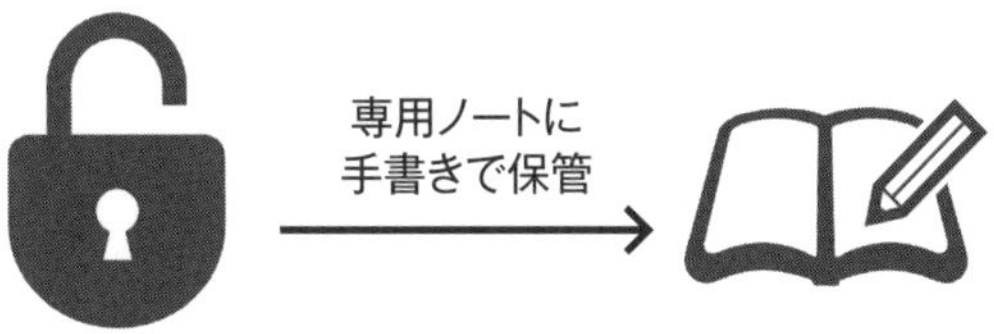
専用ノートに
手書きで保管

注意点
02
アップデート

便利に安全に使うために必ず最新にする

スマホやパソコンは、アプリやソフトウエア、OS（本体を動かすための基本のソフトウエア）によって動きます。使っていると「アップデートしますか？」と表示されることがありますが、アップデートとは「更新」のことです。

こうしたメッセージが届いた場合、必ず指示に従ってアップデートしてください。動作が速くなり、操作がしやすくなります。画面も見やすくなり、セキュリティも着実に高まります。便利に、安全に使うために、アップデートはこまめにしていく必要があります。

アプリの中には、残念なことに不正なものも存在します。ネット上の広告から、偽のアプリや不正アプリに誘導するんですね。安易にダウンロードしてはいけません。私は好奇心旺盛なので、いろいろなアプリをダウンロードして使っているのですが、このとき必ず、公式サイトからダウンロードするようにしています（有料のアプリだけでなく、無料のものもあります）。

ｉＰｈｏｎｅでしたら「ＡｐｐＳｔｏｒｅ（アップストア）」。Ａｎｄｒｏｉｄ（アンドロイド）ならば、「Ｐｌａｙ（プレイ）ストア」です。携帯電話会社が運営に関わっているサイトも安全です。こうしたサイトのアプリは、公開される前に安全性の審査が行われるからです。

ちなみに、みなさんは飲食店やホテル、病院などを選ぶ際、地元の評判や口コミを参考にしますよね？　アプリも同じです。サイトで、口コミやダウンロード数を比べて、評判が高いものを選ぶと、使いやすく安全です。アプリの内容的にも、ハズレを引く可能性があまりありません。

絶対にダウンロードしてほしいのは「セキュリティソフト」です。これを入れておくと、ウイルスから守ってくれますし、万が一、怪しいアプリをダウンロードしてしまった場合でも、セキュリティソフトがチェックしてくれます。

高齢者のための注意点02　アップデート

●アップデートのメリット

・動作が速くなる
・見やすくなる
・安全性が高まる

●アプリの選び方

セキュリティソフトは必ず入れる
ダウンロード数や口コミも参照

注意点03 詐欺対策

怪しい情報に接しても慌てずのんびり対処

スマホでもパソコンでも、ネットを利用していると、どうしても怪しいメールが届くようになります。いわゆる「詐欺メール」です。中には、巧妙に大手百貨店や銀行の名を騙《かた》った詐欺メールもあり、「あれ?」と思うこともあるでしょう。まったく身に覚えがないなら、無視して構いません。すぐに削除しましょう。もし開いてしまった場合も、そこに書いてある指示に従わないでください。「ここに電話してください」「メールしてください」「クリックしてください」などの指示があるはずですが、うかつに応じてはいけません。

相手は、あなたの個人情報を盗み出そうとしているのですから。

メールが正式なものか、詐欺メールなのか判断がつかない場合は、メールの末尾にある連絡先を確認してください。百貨店のメールならば、百貨店のホームページを開いて、連絡先が同じかどうかをチェックします。不安な場合は、実在の会社に連絡し、「こんなメールが届いています」と問い合わせてみましょう。

詐欺メールだけでなく、世の中には詐欺サイトも増えています。公式サイトの真似をしているので、見分けがつきにくいのですが、見破るコツがあります。

①支払い方法が限定されているサイト（クレジットカード決済のみ、銀行口座等への前払いのみ、代金引換サービスのみなど、支払い方法がひとつしかない）

②事業者への連絡方法が、問い合わせフォームやフリーメール（Ｇｍａｉｌや Ｙａｈｏｏ！メールなど）のサイト

③日本語の表記や使い方、字体がおかしいサイト（ＡＩを悪用してかなり巧妙に）

④事業者の住所の記載がないサイト（あったとしても、架空か、無関係の住所）

⑤正規の値段と比べて大幅に割引されているサイト

きちんとしたサイトを使っていれば、なんの心配もありません。たとえ怪しい情報に接したとしても、そこは「年の功」で慌てずのんびり対処しましょう。

高齢者のための注意点 03　詐欺対策

●詐欺メールの対処法

・無視する
・指示に従わない
・実在の会社の情報と比較
・実在の会社に問い合わせ

●詐欺サイトの見破り方

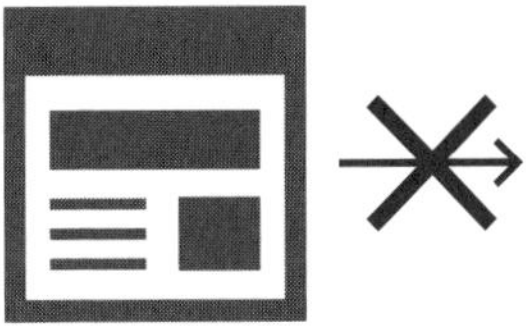

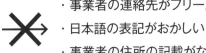

・支払い方法が限定されている
・事業者の連絡先がフリーメール
・日本語の表記がおかしい
・事業者の住所の記載がない
・正規の値段に比べて大幅に割引

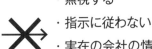

おわりに

私の人生は「80歳の壁」を越えてから、さらに変わりました。

81歳のとき、思いつきでスマホのアプリを作りましたが、アップル社のティム・クックCEOにお招きされたり、国連でスピーチしたり、いまは国から「デジタル推進委員アンバサダー」に任命され、全国を飛び回って活動しています。

好きなことを仕事にして、好きなように生きていますが、気力も体力も年齢には敵いません。へとへとになって、「バタンキュー」なんていう日もあります。

それでも、私たちは恵まれているな、と常々感謝しながら生きています。

どんなに疲れていてもAIスピーカーに話しかけるだけで、エアコンやロボット掃除機などの家電が動き出します。スマホひとつ持っていれば、家の中にいながらにして、たくさんの友人と繋がれるし、おしゃべりもできる。私は母を亡くして以来、「おひとりさま」ですが、一度も寂しいと思ったことはありません。

若いときに比べれば、足腰も弱っているし、物忘れも多くなったけれど、それを補ってくれるスマホやIT、デジタル、AIといった最新のテクノロジーに支えられながら、私たち人間は働き、暮らしていけるのです。

和田先生との対談で印象的だったのは、「高齢者こそ、〝もっとこうしたい〟〝こんなものが欲しい〟と声をあげるべきだ」と力説された部分です。高齢者が要求することで社会は進化し、発展していくという主張に、我が意を強くしました。高齢者がいきいきと暮らすことでニッポンが元気になるなら、もっともっと積極的に行動したいものです。脳や肉体の衰えはテクノロジーが補ってくれます。

何歳になっても、とにかくバッターボックスに立ってみる。バットを振ったら、当たるかもしれない。未来にフタをせず、何歳からでも人は変われると信じて、これからも人生を楽しみたいと思います。みなさんも人生を謳歌しましょう。

2023年9月　若宮正子

和田秀樹（わだ・ひでき）

1960年6月7日、大阪府生まれ。東京大学医学部卒業。東京大学医学部附属病院精神神経科助手、米国カール・メニンガー精神医学校国際フェローなどを経て、現在は川崎幸病院精神科顧問、日本大学常務理事などを務める。高齢者専門の精神科医として、30年以上にわたり高齢者医療の現場に携わっている。2022年に刊行した著書『80歳の壁』が60万部超のベストセラーになる。『シン・老人力』『70歳が老化の分かれ道』『60歳からはやりたい放題［実践編］』『疎外感の精神病理』など著書多数。

若宮正子（わかみや・まさこ）

1935年4月19日、東京都生まれ。東京教育大学附属高校卒業後、三菱銀行（現・三菱UFJ銀行）に入行。58歳からパソコンを独学で習得し、表計算ソフト「Excel」を活用した「エクセルアート」を生む。2017年、スマホ用アプリ「hinadan」（ひなだん）を公開し、「世界最高齢プログラマー」に。2020年に国連人口基金のイベントで講演を行った。現在はシニア向け情報共有サイト「メロウ倶楽部」副会長などを務める。ハンドルネームは「マーチャン」。著書に『88歳、しあわせデジタル生活』『老いてこそデジタルを。』など。

編集協力／角山祥道
帯写真／黒石あみ
ブックデザイン／クマガイグラフィックス

和田秀樹、世界のマーチャンに会いに行く

2023年11月1日　初版第1刷発行

著　者　和田秀樹　若宮正子
発行人　大澤竜二
発行所　株式会社小学館
〒101-8001
東京都千代田区一ツ橋2-3-1
編集　03(3230)5535
販売　03(5281)3555
印刷所　TOPPAN株式会社
製本所　牧製本印刷株式会社

ISBN978-4-09-389140-0